Helpup 26.7.2015

Liebe Sonja,

seit 2012 begleitest du uns musikalisch und hast uns viele schöne Momente geschenkt.
Ich wünsche Dir Gottes Segen auf deinem weiteren Lebensweg.

Diane Lewin

P.S. Der "Kuck Kuck" wird mich immer wieder an dich erinnern

Lippische Kirchen

Lippische Kirchen

Von Burkhard Meier
Mit Fotos von Klaus-Peter Fliedner

Herausgegeben von der Lippischen Landeskirche
und vom Lippischen Heimatbund e.V.

Verlag topp+möller
Detmold 2004

Vorbemerkung:
Dieser Band ist nach den 16 lippischen Städten und Gemeinden gegliedert.
Ein Register der 85 in diesem Buch vorgestellten Kirchbauten befindet sich auf S. 166.
Es erleichtert die Suche nach einem bestimmten Gotteshaus.

Bibliografische Information Der Deutschen Bibliothek
Die Deutsche Bibliothek verzeichnet diese Publikation in der Deutschen Nationalbibliografie;
detaillierte bibliografische Daten sind im Internet über http://dnb.ddb.de abrufbar.

ISBN 3-936867-06-2

© Verlag topp+möller, Dr. Klaus-Peter Fliedner (Fotos)
Gesamtherstellung: topp+möller, Detmold 2004

Zum Geleit

Wie lieb sind mir deine Wohnungen, Herr Zebaoth...
(Psalm 84)

Der vorliegende Band dokumentiert erstmalig alle Kirchbauten im Bereich der Lippischen Landeskirche und ihrer Gemeinden in Wort und Bild. Er wurde in erfreulicher und intensiver Zusammenarbeit von dem Lippischen Heimatbund und von der Lippischen Landeskirche geplant und vorbereitet. Gemeinsam legen wir das Buch vor.

Die Kirchen gehören zum Bild der kleinen Städte und Dörfer hierzulande. Türme weisen gen Himmel, helfen zur Orientierung. Glocken rufen zu Sammlung und Gebet. Die Uhren zeigen, was die Stunde geschlagen hat. Kirchenschiffe laden zu Einkehr und Gottesdiensten ein. Kunstwerke lassen Schönheit erleben und erzählen in ihrer Weise vom Evangelium und der Treue Gottes. In den Bauten manifestiert sich die Geschichte des Glaubens und Lebens in unserer Region durch die Jahrhunderte bis in die Gegenwart. Jede Generation hat hier in ihrer Weise gebaut und umgebaut, renoviert... und gelegentlich auch ruiniert. Zumeist prangen und prunken die Bauten nicht mit üppiger Schönheit. Zumeist haben die (einstige) Armut des Landes, der nüchterne Sinn der Menschen und die überwiegende reformierte Prägung der Gemeinden die Bauten in schlichter Schönheit erstehen lassen. Auch solche Schönheit überzeugt. Ärmlich ist sie nicht.

Das Buch lädt in seiner Weise dazu ein, ein großes Erbe erinnernd und verpflichtend zu vergegenwärtigen. Es lädt ein, Bekanntes und Vertrautes zu erleben, wieder zu sehen oder aufzubrechen, um Neues, Unbekanntes zu besuchen und zu entdecken. Der Band ist als Handbuch für die Menschen hier in Lippe gemeint. Er ist zugleich ein Fremdenführer für die, die die Schönheiten unseres Landes als Gäste erleben wollen. In seiner Weise mag das Buch auch daran erinnern, dass die Kirchen dann besonders schön sind, wenn sich die Menschen in ihnen zum Gottesdienst versammeln.

Die Texte des Buches hat Burkhard Meier M.A. geschrieben, die Fotos hat Dr. Klaus-Peter Fliedner gestaltet. Beiden danken wir für die Arbeit, die verlässliches Wissen, kundige Umsicht und den Sinn für das Schöne beweist.

Gerrit Noltensmeier	Walter Stich
Landessuperintendent der Lippischen Landeskirche	Vorsitzender des Lippischen Heimatbundes

Ev.-ref. Dorfkirche — Augustdorf

Der 7. September 1800 gilt als Gründungsdatum der Kirchengemeinde Augustdorf. An diesem Tag wurde ihr Gotteshaus, eine kleine Fachwerkkapelle mit Dachreiter, in Gebrauch genommen. Zu diesem Zeitpunkt bestand das Sennedorf bereits ein Vierteljahrhundert: Nachdem am 11. Dezember 1775 von Graf Simon August zur Lippe erstmals ein Meierbrief für einen Siedler ausgestellt worden war, hatten sich zahlreiche sog. Neuwohner „am Dören" niedergelassen, um den ihnen zugewiesenen kargen Sandboden zu kultivieren.

Dass gerade eine dörfliche Gesellschaft, die harten Arbeitsbedingungen unterworfen ist, in ärmlichen Verhältnissen lebt und noch dazu relativ weit von anderen Orten lebt, sich nach der Schaffung von „Gemeinschaftseinrichtungen" – im weitesten Sinne – sehnt, leuchtet ein. Die Gründung einer Schule (1782) und die Ausweisung eines Kirchhofes, auf dem die Verstorbenen ihre letzte Ruhe fanden (1784), markieren anfängliche Erfolge. Aber erst mit der ebenfalls nur gegen Widerstände durchgesetzten Gründung einer eigenen Kirchengemeinde hatten die Augustdorfer ihr Ziel erreicht.

Über einen eigenen Geistlichen verfügte die Gemeinde allerdings noch nicht. Der Stapelager Pfarrgehilfe versah die Amtsgeschäfte gegen ein geringes Entgelt, wobei ihm die Überquerung des Teutoburger Waldes – zu Fuß oder mit dem Pferd – zunehmend zu schaffen machte. Es sollte weitere 17 Jahre dauern, ehe die Reihe der Augustdorfer Pfarrer beginnen konnte.

Gern verließen die Theologen den armen Ort auch wieder, weil mit den schmalen Einkünften einfach nicht auszukommen war. So schrieb Gustav Otto Krecke 1866 an Fürst Leopold III. zur Lippe: „Wollen mich euer Durchlaucht nicht zu einem zweiten Moses machen, der 40 Jahre in der Wüste umherziehen mußte und das gelobte Land nur schauen durfte." Es sollte jedoch noch weitere zwölf Jahre dauern, ehe der Geistliche nach Elbrinxen wechseln durfte.

Die Fachwerkkapelle von 1800 war bald baufällig geworden. Neubaupläne gestalteten sich überaus schwierig. Eigentlich gelangen sie nur durch eine List: Es wurde eine Steuer erhoben, deren Höhe sich nach der Brandversicherungssumme von Gebäuden richtete. Einen großen Teil der Kosten musste nun die Fürstliche Rentkammer bezahlen, da natürlich das landesherrliche Jagdschloss Lopshorn der mit Abstand wertvollste Bau im Kirchspiel war. So entstand 1875/76 ein schlichtes Gotteshaus, das sich seit seiner Renovierung 1999/2000 so reizvoll wie kaum ein zweiter lippischer Kirchenbau des 19. Jahrhunderts darstellt.

Ev. Militärkirche — Augustdorf

Nach Gründung der Bundeswehr entwickelte sich die Sennegemeinde Augustdorf zu einem ihrer größten Standorte. Zwar existierte schon seit 1957 ein Militärseelsorgevertrag zwischen Staat und Evangelischer Kirche, doch erst seit dem 1. August 1960 gab es in Augustdorf einen hauptamtlichen evangelischen Militärgeistlichen; zuvor hatten der Detmolder Krankenhauspfarrer bzw. ein westfälischer Militärpfarrer ausgeholfen.

Während die Katholische Militärkirchengemeinde bereits im Oktober 1960 ein eigenes Gotteshaus erhalten hatte – es steht nur rund 300 Meter von der evangelischen Militärkirche entfernt, und sogar die Glockenklänge der beiden Gotteshäuser sind mittlerweile aufeinander abgestimmt –, zogen sich Planungen und Bauarbeiten auf protestantischer Seite noch mehr als drei Jahre hin. Als Gottesdienstraum wurde in der Zwischenzeit der Filmsaal der Brigade genutzt; eine „herrenlose" Glocke, die der evangelische Ortsgeistliche vermittelt hatte, erhielt einen provisorischen hölzernen Glockenstuhl und wurde von Standortpfarrer Johannes Ottemeyer – bereits im Talar – vor dem Gottesdienst mit Hilfe eines Seiles geläutet.

Da Pfarrer Ottemeyers feierliche Amtseinführung natürlich nicht in diesem Rahmen stattfinden konnte, fuhren am 16. März 1961 viele hundert Soldaten nach Detmold, wo mit der Christuskirche ein würdiger Raum zur Verfügung stand.

Bis 1963 entstand die moderne Militärkirche nach Plänen des Düsseldorfer Architekten Dr. Ingo Beucker. Er zeichnete auch für die Gestaltung des benachbarten Pfarrhauses, des Kindergartens und der Mitarbeiterwohnungen verantwortlich. Zur Einweihung dieses Gemeindezentrums kam am 11. und 12. Dezember 1963 Militärbischof D.D. Dr. Hermann Kunst von Bonn nach Augustdorf und erwies der Gemeinde somit seine Reverenz.

Natalie Schlik schreibt in ihrer Diplomarbeit über Kirchenbau in Lippe zwischen 1945 und 2001:
„Die von außen unscheinbar wirkende Militärkirche überrascht innen durch die versetzte Anordnung und die vorwiegend in blau und gelb gestalteten großflächigen Fenster. Sie entwickeln eine intensive Leuchtkraft."
Hier sehen wir den seitlichen Anbau neben der Orgel.

Ev.-ref. Kilianskirche in Schötmar — Bad Salzuflen

„Festzuhalten bleibt, daß die Entstehung der Schötmarer Kirche mit größter Wahrscheinlichkeit in die Jahre vor 836 gehört, in denen dem Kilianskult in der Diözese Paderborn die größte Bedeutung zukam, die nach der Reliquienübertragung von 836 auf die Liborius-Verehrung überging. Wir dürfen also voraussetzen, daß die Kirche in Schötmar eine der ältesten im Lipper Raum gewesen ist (...)."
Mit diesem Ergebnis der Ausgrabung von 1981 stellte das Westfälische Amt für Bodendenkmalpflege der Kilianskirche Schötmar eine wirklich frühe „Geburtsurkunde" aus. Die Anfänge dieser Urkirche sind in der Mission durch das Bistum Würzburg zu suchen, dessen Patron der heilige Kilian ist.

Das bis 1847 existierende romanische Gotteshaus ging auf die ergrabenen Vorläuferbauten zurück. Aufgrund akuten Platzmangels wirkte die Detmolder Kirchenbehörde, das Konsistorium, auf die Errichtung einer neuen Kirche hin. Bereits 1844 wurde ein Neubaufonds angelegt. Doch erst nach längerem Zögern beschloss der Kirchenvorstand den Abriss des alten Gebäudes.

Bis zur Einweihung der heutigen Kilianskirche sollten noch über sieben Jahre vergehen. Ausschlaggebend hierfür waren in erster Linie finanzielle Probleme. Die sich nach Bergkirchen orientierenden Gemeindeglieder wollten keine Opfer erbringen, sondern sich an der Errichtung des dortigen Gotteshauses beteiligen. Und der Teil der Gemeinde, der zur 1851 gegründeten Leopoldshöher Kirche gehörte, verlangte eine Abfindung aus dem Schötmaraner Gemeindevermögen – eine Forderung, die jedoch erfolgreich abgewehrt werden konnte.

Durch freiwillige Hand- und Spanndienste sowie die Stiftung von Bauholz und mit Hilfe einer besonderen Abgabe der Kirchspielseingesessenen gelang das ehrgeizige Werk schließlich doch noch.

Die am 26. Juli 1854 eingeweihte neugotische Hallenkirche mit den drei Paralleldächern bietet nicht weniger als 2000 Menschen Platz!

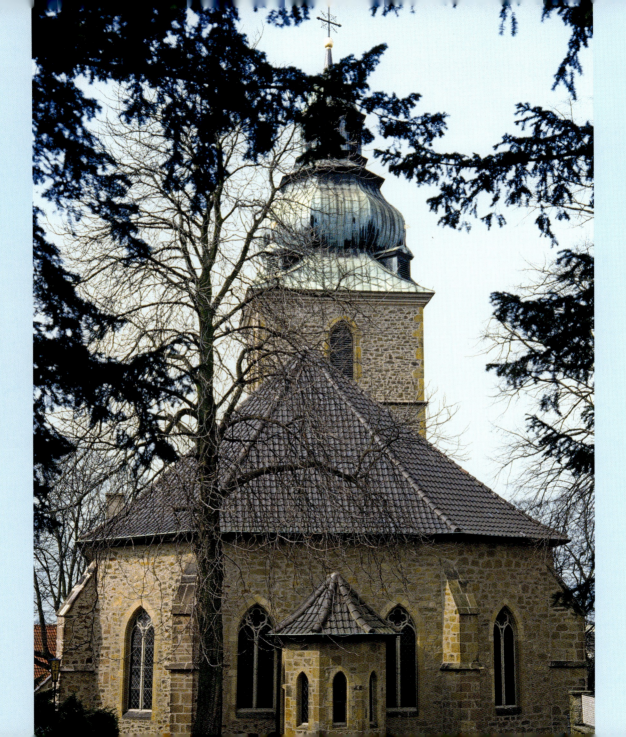

Ev.-ref. Stadtkirche auf dem Hallenbrink — Bad Salzuflen

Zwar nennt eine steinerne Inschrift die Jahreszahl 1400, doch die Anfänge der Stadtkirche auf dem Hallenbrink dürften in deutlich früherer Zeit zu suchen sein. Es handelte sich jedoch anfangs nur um eine Filialkapelle der Kilianskirche in Schötmar, zu der Salzuflen nachweislich zwischen 1231 und 1531 gehörte.

Im Zuge der Reformation „lösten sich die Salzufler von der ‚Mutterpfarrei' und gründeten eine eigene Kirchengemeinde" (Meyer). Verständlich wird dieser Schritt vor dem Hintergrund der Tatsache, dass der Ort schon seit 1488 Stadtrechte besaß und die Kapelle bereits 1524 zur Stadtkirche ausgebaut worden war; der Turm war mit seinen 76 Metern der höchste in Lippe.

Das einschneidendste Datum in der Salzufler Kirchengeschichte ist allerdings der 5. November 1762, der Tag des großen Brandes. Im nach der Katastrophe neu angelegten Kirchenbuch ist folgende Eintragung zu lesen: „Da die vorigen Kirchenbücher in der unglücklichen heftigen Feuersbrunst, so den 5. Novemb. 1762 gegen Abend entstanden, verbrandt und also verlohren gegangen, maßen hiedurch benebst vielen ansehnlichen Häusern und Scheunen auch die ganze Kirche mit dem Thurm, allen Glocken, Orgel und gantzen Kirchengestühlen benebst dem Pfarrhaus, Cantors-, Küster-, Schul- und Armenhause biß zum Grunde verbrandt und zu Asche geworden sind, ausgenommen denen auswändigen Mauern an der Kirche und Thurm, so ist dieses Kirchenbuch an deren Stadt wiederum verfertiget und aufgerichtet."

Dass die Kirche bereits im Februar 1765 wieder eingeweiht werden konnte, hatten die Bürger Salzuflens auch einer breit angelegten Kollektenaktion zu verdanken. Ein Ratsherr zog über Land und kam mit Spendengeldern vor allem aus Hamburg zurück, wo sich reformierte Christen und reiche Handelsherren nicht lumpen ließen.

Wer heute die 46 Stufen von der Osterstraße zur Stadtkirche auf dem Hallenbrink hinaufsteigt, ist beeindruckt von Anlage und Größe des Gotteshauses – der jetzige Zustand hält jedoch dem Vergleich mit der Situation bis zum großen Brand von 1762, als hier der höchste Kirchturm Lippes anzutreffen war, nicht Stand. Der neue Turm bekam eine „welsche Haube".

Ev.-ref. Kirche in Wüsten — Bad Salzuflen

Unmittelbar neben der Kirche zu Wüsten bezeichnet ein mächtiger Grabstein die letzte Ruhestätte einer für die lippische Kirchengeschichte überaus wichtigen Persönlichkeit. Nicht weniger als drei Bibelzitate sind in das Denkmal für den 1858 verstorbenen Johann Barthold Jobstharde eingemeißelt, ein Symbol seiner tiefen Verwurzelung im christlichen Glauben. Nach langem innerem Ringen hatte Jobstharde eine Bekehrung erfahren, die sein Leben grundlegend verändern sollte; es war fortan von religiösen Aktivitäten geprägt. Wir stehen am Grab der Leitfigur der Erweckungsbewegung in Lippe. Dass die Kirchengemeinde Wüsten in besonderer Weise von der neupietistischen Bewegung ergriffen wurde, ist bemerkenswert. Ihre Struktur war überwiegend bäuerlich, die Streusiedlungslage sehr ausgeprägt. Das war von altersher so, denn das Wüstener Gotteshaus entstand in den 1620er Jahren im wahrsten Wortsinne in einer Wüste. Zwar war die seelsorgerliche Betreuung durch den Schötmaraner Pfarrer vorgesehen, doch die räumliche Distanz war groß, und die Menschen hier oben gingen notorisch selten zum Gottesdienst. In der ab 1628 selbstständigen Gemeinde tat bereits seit 1621 der Salzufler Rektor Bernhardus Schomarus Dienst; in Ermangelung eines Pfarrhauses behielt er seinen Wohnsitz jedoch in der Stadt. „36 Jahre lang ritt Bernhardus nach der Wüste hinauf, um dort seinen Amtspflichten getreulich nachzugehen. Die geringen Einkünfte der Pfarre aus den 104 Feuerstellen der Kirchengemeinde und die vertraglich zugesicherten Kornlieferungen von Bauern aus Bexterhagen, Wülfer und Ehrsen durch das Konsistorium reichten nicht aus, deshalb bestritt er seinen Lebensunterhalt weitgehend aus den Bezügen, die er durch seine Nebentätigkeit als Lehrer an der Lateinschule bis 1645 erhielt" (Schubert). Sogar Kornhandel, Bierbrauerei und Leineweberei soll er zur Bestreitung seines Lebensunterhaltes betrieben haben.

Der 1841 begonnene Umbau des Gotteshauses aus dem 17. Jahrhundert missriet gründlich. Nur vier Jahre darauf musste das Kirchenschiff völlig verändert werden. Der 1841 errichtete Turm drohte 1862 gar einzustürzen, weshalb im Jahr darauf der jetzige Turm gebaut werden musste. Von all diesen Schwierigkeiten merkt der heutige Betrachter natürlich nichts mehr. Ihm präsentiert sich eine gut erhaltene Dorfkirche.

Ev.-luth. Kirche in Bergkirchen — Bad Salzuflen

Eine Frucht der Erweckungsbewegung in der ersten Hälfte des 19. Jahrhunderts ist Bergkirchen. Einige Männer – vornehmlich Bauern – aus den Kirchspielen Talle, Wüsten und Schötmar, die sich bisher zur Neuen Evangelischen Gemeinde in Lemgo gehalten hatten, beschlossen im Frühjahr 1850, wegen der großen Entfernung eine eigene Kirche zu bauen.

Im Spätsommer jenen Jahres machten sich der Pfarrer der Lemgoer Gemeinde, Emil Steffann, und Johann Barthold Jobstharde, Bauer aus Wüsten und Leitfigur der Erweckungsbewegung in Lippe, nebst einigen Gemeindegliedern auf, um einen geeigneten Platz für die Kirche zu suchen.

„Als man auf die Höhe des Eikberges kam", heißt es in der Chronik zum 100-jährigen Bestehen Bergkirchens, „führte Jobstharde an: Tritt nicht herzu, zieh deine Schuhe aus von deinen Füßen, denn der Ort, darauf du stehest, ist heiliges Land (2. Mose 3, 5). ‚Hier muß die Kirche hin', rief Steffan aus. Alle fielen dort auf die Knie nieder und dankten Gott, daß sie den Platz gefunden hatten, wo das neue Gotteshaus erstehen sollte. Kolon Eikmeier bekräftigte noch einmal sein Angebot und schenkte diesen herrlich gelegenen Platz einschl. der Wegegerechtigkeit über seinen Hof der Gemeinde. Jetzt war Bergkirchen geboren."

In der Folgezeit wurde eine einfache Fachwerkkirche mit einem Dachreiter errichtet, deren Innenraum bis heute bemerkenswert unverändert geblieben ist. Zur Erbauung eines Turmes reichten die Mittel allerdings nicht mehr. Erst seit 1901 existiert dieser massive Teil des Gotteshauses.

Auf dem Friedhof um das Gotteshaus befinden sich diverse Grabstätten der Familien, die Bergkirchen begründeten. Und auch Pastor Steffann hat hier 1905 die letzte Ruhe gefunden.

Fast ein Vierteljahrhundert sollte vergehen, ehe die Gemeinde Bergkirchen, die ursprünglich ein privates Projekt war, im Juli 1874 durch den Landesherrn als vierte lutherische Gemeinde in Lippe anerkannt wurde – neben St. Marien und St. Nicolai in Lemgo und der Detmolder lutherischen Gemeinde.

Ev.-luth. Erlöserkirche — Bad Salzuflen

Nur wenige Jahre, nachdem Bergkirchen als vierte lutherische Gemeinde des Landes anerkannt worden war, machte sich der dortige Pfarrer Johannes Hartog daran, in Salzuflen eine Tochtergemeinde ins Leben zu rufen. „Zuerst hielt er Gottesdienst im Wirtshause, dann aber kaufte er ein Haus für 9000 M(ark) und richtete darin einen Betsaal mit 150 Sitzplätzen ein. Zugleich wurde ein größeres Grundstück, das gerade zum Verkauf stand, für 12000 M(ark) erworben zum späteren Kirchenbau, Anlage eines Pfarrhauses, Kirchhofes u.s.w., um sogleich für die Zukunft zu sorgen", wie es in einer zeitgenössischen Quelle heißt.

Während ein sehr frühes Gemeindeverzeichnis nur 65 Mitglieder nennt – darunter den Stärkefabrikanten Eduard Hoffmann und offenbar zahlreiche seiner Mitarbeiter –, waren es beim 25-jährigen Bestehen der Gemeinde 1905 bereits 1600 Menschen, die ihr angehörten. Für diese große Zahl hätte der Betsaal längst nicht mehr ausgereicht, und so war schon 1891/92 nach Plänen des Betheler Baumeisters Held ein ansehnliches, aber noch kleines Gotteshaus entstanden: „Die Kirche ist romanisch und dabei in Kreuzform ausgeführt, die Verwendung des Sandsteins aus den benachbarten Bergen macht sich dabei besonders wirkungsvoll", berichtete das Hannoversche Sonntagsblatt.

Langhaus und Turm wurden aus Geldmangel jedoch erst 1909 angefügt, und zwar nach Plänen des Baumeisters und späteren Regierungsbaudirektors Siebold, der bereits beim ersten Bau die Aufsicht geführt hatte.

Zwischenzeitlich hatte die Gemeinde auch ihre Selbstständigkeit erlangt. Seit 1890 gab es einen Hilfsprediger, der noch Bergkirchen zugeordnet war. Mit dem im Juni 1900 gefassten Beschluss der Landessynode, in Salzuflen die fünfte lutherische Gemeinde des Landes zu gründen, wurde er ordentlicher Pfarrstelleninhaber.

Die in zwei Bauabschnitten an der Wende vom 19. zum 20. Jahrhundert entstandene lutherische Kirche führt seit 1966 die Bezeichnung „Erlöserkirche". Der Grund: In diesem Jahr errichtete die Gemeinde ein zweites Gotteshaus, womit die Namensgebung geraten erschien.

Ev.-luth. Auferstehungskirche — Bad Salzuflen

Infolge des Flüchtlingsstromes, der im und nach dem Zweiten Weltkrieg auch Bad Salzuflen erfasste, wuchs die Zahl der lutherischen Christen ganz erheblich an. Zwar entstand in Schötmar eine selbstständige lutherische Kirchengemeinde, doch die räumlichen Kapazitäten der Erlöserkirche erwiesen sich gleichwohl als zu beschränkt. Daher wurde ein weiteres Gotteshaus geplant und zwischen 1964 und 1966 gebaut, das seinen Platz am Gröchteweg fand.

„Die Auferstehungskirche steht mitten unter uns zwischen freundlichen Wohnhäusern und Gärten, in der Nähe von zwei Friedhöfen und auch nahe an Gewerbetrieben, an einer belebten Verbindungsstraße. Sie ist ‚Kirche in der Welt', auch im äußeren Sinne, und ist zu einem Mittelpunkt dieses Stadtteils geworden. Als Ort der Sammlung lädt sie jedermann ein, der hier lebt, arbeitet, oder zu Gast ist" (Schendel).

Wohl kaum eine moderne lippische Kirche dürfte so reich mit Kunstwerken ausgestattet sein wie die Auferstehungskirche. Es handelt sich jedoch keineswegs um eine zufällig, etwa durch willkürliche Stiftungen oder wahllose Übernahmen, entstandene Auswahl, sondern um ein Programm.

Der frühere Pfarrer Eberhard Schendel schrieb hierzu: „Das Gesamtbauwerk muß in einem engen Zusammenhang mit seiner künstlerischen und handwerklichen Ausgestaltung gesehen werden. Das heißt, die der Andacht dienende Ausgestaltung wurde nicht lediglich hinzugefügt, sondern sie ist zusammen mit dem Bauwerk gewachsen, dessen innere und äußere Form ineinandergreift. Diese glückliche Einheit wird durch den engen Kontakt verständlich, der den Architekten Heinrich Loos mit dem Künstlerehepaar Hans-Helmuth und Margarete von Rath und dem Gemeindepfarrer verbindet."

Der Blickfang des Innenraumes ist ein Band von farbigen Glasfenstern mit den Themen Passion, Auferstehung und Himmelfahrt.

Ev.-luth. Trinitatiskirche und Versöhnungskirche — Bad Salzuflen

Die Ev.-luth. Kirchengemeinde Schötmar verfügt über zwei Gotteshäuser, eines in Schötmar und ein weiteres in Knetterheide.

Zur Geschichte: Schötmar und die umliegenden Landgemeinden wurden von der Salzufler lutherischen Gemeinde mitversorgt. Der Zuzug von Flüchtlingen und Vertriebenen ließ die Zahl der Gemeindeglieder erheblich wachsen und führte zu dem Bedürfnis, auch in Schötmar Kirche zu halten „So ergab es sich, daß ab Ende 1945 einmal im Monat ein lutherischer Gottesdienst am Sonntagnachmittag im reformierten Gemeindehaus an der Schülerstraße in Schötmar gehalten und sehr gut besucht wurde."

Der Beschluss, eine eigene Kirche zu errichten, erfolgte 1950, und vier Jahre darauf stand endlich auch ein geeignetes Grundstück an der Eduard-Wolff-Straße zur Verfügung. Die 1954/55 errichtete Trinitatiskirche wurde 1958 Sitz einer selbstständigen lutherischen Kirchengemeinde.

Nur durch die ungeheure Siedlungstätigkeit vor allem in den Landbereichen ist es zu erklären, dass bereits 1960 eine zweite Pfarrstelle eingerichtet wurde. Das 1965/66 geschaffene Gemeindezentrum mit Pfarrhaus in Knetterheide erhielt 1984 einen Anbau: Mit dieser Versöhnungskirche erhielt die Gemeinde das zweite Gotteshaus. Der achteckige Innenraum kann zum Gemeindehaus hin geöffnet und dadurch auf 300 Sitzplätze vergrößert werden.

Mit Hans-Helmuth von Rath konnte ein renommierter Salzufler Künstler gewonnen werden: „Wir stehen staunend vor der Tatsache, daß ein Mensch sich mit seinen Ideen, seinem Können und seiner Arbeitskraft für die Gestaltung unserer kleinen Kirche voll zur Verfügung gestellt hat." Zu erwähnen ist aber auch der Architekt Heinrich Loos, der – selbst Kirchenältester – nicht nur in Knetterheide, sondern auch in Schötmar bleibende Spuren hinterließ. Auf ihn geht die Erweiterung der Trinitatiskirche zu einem Gemeindezentrum zurück.

Sowohl die Trinitatiskirche in Schötmar (oben) mit ihrem bekannten großflächigen Fenster (links) als auch die Versöhnungskirche in Knetterheide (unten) können durch die Öffnung zum benachbarten Gemeindehaus erweitert werden.

Ev.-luth. Kirche in Biemsen-Ahmsen — Bad Salzuflen

Trennendes und Verbindendes – beides ist für diese Kirche und ihre Gemeinde charakteristisch. Da ist zunächst die Grenze zwischen Lippe und der preußischen Provinz Westfalen, die früher schied zwischen reformierter Mehrheit hüben und lutherischer Mehrheit drüben – und im übrigen auch zwischen zwei Landeskirchen. Dann sind da die großen Fernstraßen, die A 2 und die B 239; sie trennen die Teile der Gemeinde. In Biemsen-Ahmsen ist es jedoch gelungen, Grenze und Trennung zu überwinden – durch Verbindendes!

Ein Blick in die Geschichte: Landwirte aus der Grafschaft Ravensberg erhielten im 19. Jahrhundert die Gelegenheit, sich in Ahmsen niederzulassen. Sie gehörten weiterhin zur lutherischen Münstergemeinde in Herford, später nach Elverdissen. Die Reformierten hatten ihre kirchliche Heimat in Schötmar, später in der Gemeinde Lockhausen. In das Jahr 1960 datieren die ersten regelmäßigen Gottesdienste in der Ahmser Schule. 1962/63 errichteten die Kirchengemeinden Elverdissen und Ahmsen-Lockhausen gemeinsam die heutige Kirche – aus Trennendem wurde Verbindendes!

„Der Ruf nach einer ‚eigenen' evangelischen Kirchengemeinde wurde immer lauter. Es sollten noch Jahre vergehen, bis aus ihm Wirklichkeit wurde. Verhandlungen mit den Kirchengemeinden in Elverdissen und Lockhausen, mit den Landeskirchenämtern in Bielefeld und Detmold mußten geführt werden, bis endlich mit Wirkung vom 1. Juli 1972 Biemsen-Ahmsen ‚seine' evangelische Kirchengemeinde erhielt" (Korf).

Und wenn diese Gemeinde auch Teil der Lutherischen Klasse der Lippischen Landeskirche ist, so wird die reformierte Herkunft mancher ihrer Glieder doch respektiert. Entsprechend heißt die 1974 in den Räumen des vormaligen Bürgermeisteramtes von Biemsen-Ahmsen begründete Einrichtung auch „Ev. Kindergarten".

Trotz konfessioneller Unterschiede sowie der Trennung durch Bundesstraße und Autobahn sind die Teile der Kirchengemeinde Biemsen-Ahmsen in den letzten drei Jahrzehnten zu einem Ganzen zusammen gewachsen.

Ev.-ref. Kirche in Sylbach — Bad Salzuflen

Wenn in einer lippischen Kirchengemeinde die bedeutende Rolle und Treue von Laienmitarbeitern gewürdigt werden kann, dann in Sylbach. Das überrascht, handelt es sich doch um eine erst 1939 gegründete Gemeinde.

Die Vorgeschichte geht jedoch bis in das 19. Jahrhundert zurück, als die Erweckungsbewegung Folgen zeitigte. Eine war, dass der Landarbeiter Fritz Hüttemeier in den 1890er Jahren „nach seiner Bekehrung mit Blättermission" begann und sodann seit 1896 bei seinem Haus in Hölserheide regelmäßig Erntedank- und Missionsfeste abhielt; 1901 kam eine Sonntagsschule hinzu.

In dieser Atmosphäre gedieh christliche Vereinsarbeit: Seit 1906 gibt es einen CVJM, 1922 kam der Jugendbund für Entschiedenes Christentum (EC) hinzu. Beide Vereine errichteten in der Inflationszeit ein Gemeindehaus, das bis zur Errichtung der Sylbacher Kirche auch als Gottesdienstraum diente.

Nach „Vater Hüttemeiers" Tod (1917) hatte „Vater Plaß" seine Stelle eingenommen. Als 86-Jähriger sprach er bei der Einweihung des Kirchenbaus am 21. März 1954 ein Grußwort. Das Gemeindehaus war zwischenzeitlich übrigens vom EC auf die Kirchengemeinde übergegangen.

Der erste Sylbacher Pfarrer konnte nur einmal in seiner Gemeinde predigen, denn er fiel im Zweiten Weltkrieg. Seine Nachfolger hatten es mit einer starken Laienbewegung zu tun. So berichtete die Lippische Landes-Zeitung im November 1980, es habe erstmals eine Kirchenvorstandswahl stattgefunden: „Der jetzt aus Altersgründen ausgeschiedene Heinrich Burre war seit der Gründung der Kirchengemeinde Sylbach im Jahre 1939 ununterbrochen Mitglied des Kirchenvorstandes und hat sich in vielfältier Weise der Gemeinde zur Verfügung gestellt: als Rechnungsführer, Organist und Chorleiter sowie als Mitglied des Bauausschusses."

Die Sylbacher Kirche entstand nach Plänen des Schötmaraner Architekten Wilhelm König. Anlässlich ihrer Einweihung war 1954 in „Unsere Kirche" zu lesen: „Der Innenraum der Kirche ist von ansprechender Formschönheit. Die Decke, die Empore, die Bänke, der breite Mittelgang, die kunstvollen Leuchter, Kanzel und Abendmahlstisch, alles fügt sich zu einem geschlossenen Ganzen."

Ev.-ref. Kirche in Wülfer-Knetterheide — Bad Salzuflen

Bekanntlich hatte die flächenmäßig große Kirchengemeinde Schötmar ein umfangreiches Gebiet abgegeben, als in Wüsten eine eigene Gemeinde entstand. Auch weite Teile der Kirchengemeinde Sylbach wurden vor deren Gründung von Schötmar aus versorgt.

Im Jahre 1953 erfolgte jedoch der stärkste Einschnitt. Die Lippische Landessynode beschloss die „Neuordnung der kirchlichen Verhältnisse in der reformierten Kirchengemeinde Schötmar". Mit einem Schlag wurden drei selbstständige Kirchengemeinden abgespalten: Ahmsen-Lockhausen, Retzen und Wülfer-Bexten. Die Zahl der Pfarrstellen erhöhte sich in der Folgezeit entsprechend – in Schötmar blieben weiterhin drei Geistliche tätig, die neu gegründeten Gemeinden erhielten je einen Pfarrer.

Noch im gleichen Jahr begannen in Wülfer-Bexten – die Gemeinde wurde 1955 in Wülfer-Knetterheide umbenannt – die Vorbereitungen für den Kirchenbau. Aus dem örtlich begrenzten Wettbewerb ging das Architekturbüro Sander & König aus Schötmar erfolgreich hervor. Bis 1955 entstand auf durchdachtem Grundriss eine ansehnliche Anlage. In das langgezogene Kirchenschiff ist der Turm teilweise eingeschoben. Vom Turmraum aus ist die Empore erreichbar. Unter der Empore befindet sich ein Raum, der bei Bedarf zum Kirchenschiff hin geöffnet werden kann, um zusätzliche Sitzgelegenheiten zu bieten. Gleiches gilt für einen weiteren Raum, der seitlich angebaut ist und ebenfalls den Blick auf den Chor im Osten freigibt. Insgesamt stehen somit mehr als 450 Plätze zur Verfügung.

Die schlichte und zugleich zweckmäßige Architektur erklärt sich aus der Situation der Nachkriegszeit: Die Bevölkerung wuchs erheblich – die ursprünglich freistehende Kirche befindet sich heute inmitten eines Wohngebietes –, aber die zur Verfügung stehenden Mittel waren begrenzt. Nur auf diese Weise war die rasche kirchliche Entwicklung im Bereich der Urgemeinde Schötmar zu bewältigen.

Die Innenausstattung der Kirche in Wülfer-Knetterheide ist einfach, aber ansprechend. An der östlichen Außenseite befindet sich das bemerkenswerte Wandbild „Die Heimkehr des verlorenen Sohnes", das der Bad Salzufler Kunsterzieher Waldemar Kögler gestaltet hat.

Ev.-ref. Kirche in Retzen — Bad Salzuflen

Auch die Kirchengemeinde Retzen verdankt ihre Gründung der Neuordnung der kirchlichen Verhältnisse im Bereich Schötmar vor einem halben Jahrhundert.

Die Gottesdienste fanden zunächst in dem bereits zu Beginn des 20. Jahrhunderts errichteten Vereinshaus statt. Aber schon 1954 begann der Kirchenvorstand mit Beratungen über den Bau eines eigenen Gotteshauses.

„Am 18. Oktober 1958 unternimmt der Kirchenvorstand eine Besichtigungsfahrt, um sich die neu gebauten Kirchen in Lippe anzusehen. Die Stationen waren: Voßheide, Istrup, Schieder, Diakonissenhaus Detmold, Heidenoldendorf, Sylbach, Wülfer-Knetterheide. Am besten gefielen die Kirche des Diakonissenhauses und die Kirche in Wülfer-Knetterheide. Diese sollten für die nun beginnenden Planungen in Retzen Vorbild sein" (G. Hille).

In den Jahren 1959/60 entstand nach den Plänen des Schötmaraner Architekten Wilhelm König ein ebenso schlichter wie stimmungsvoller Bau.

In der Urkunde, die am 20. Juni 1959 im Grundstein eingemauert worden ist, heißt es: „Es ist unser Gebet, dass dieses Gotteshaus nie der Menschenverherrlichung, sondern immer der Ehre Gottes dienen möge (...)."

Mit diesen Worten wurden die Lehren aus dem unheilvollen Dritten Reich gezogen, in dem auch Christen dem Führerkult verfallen waren.

Die seltene Form der Turmspitze bzw. das große Buntglasfenster des Herforder Kunstmalers Scholz schaffen – außen wie innen – eine besondere Atmosphäre.

Ev. Christuskirche in Lockhausen — Bad Salzuflen

Im Bereich der Stadt Bad Salzuflen fehlt uns noch ein Gotteshaus, das bewusst an den Schluss gestellt wurde. Denn hier in Lockhausen ist etwas erreicht worden, das sich als ein Zukunftsmodell erweisen könnte.

Bekanntlich hatte die Siedlungstätigkeit des 19. Jahrhunderts lutherische Neubürger in diesen Teil Lippes gebracht. Schon 1887 wurde in Lockhausen ein lutherischer Friedhof eingerichtet, wofür konfessionelle Gegensätze den historischen Hintergrund bildeten.

1926 errichteten Reformierte und Lutheraner ein gemeinsames Gemeindehaus. Durch die einseitige Gründung der Ev.-ref. Kirchengemeinde Ahmsen-Lockhausen (1953) wurde das Miteinander jedoch stark belastet. Nachdem der Versuch, eine unierte Gemeinde zu gründen, an der Verfassung der Lippischen Landeskirche gescheitert war, wurde die Bildung einer lutherischen Gemeinde angestrebt und 1962 verwirklicht. Da sie keinen eigenen Geistlichen besaß, übernahm der reformierte Pfarrer den Vorsitz im lutherischen Kirchenvorstand und hielt auch die entsprechenden Gottesdienste. „Trotzdem blieben die Unterschiede in den Gottesdiensten sichtbar durch Aufstellen bzw. Nichtaufstellen von Kruzifix und Kerzen. Auch bei den Abendmahlsfeiern gab es verschiedene Ordnungen" (R. Möller).

Wie im benachbarten Biemsen-Ahmsen, das sich 1972 verselbstständigte, wurden auch in Lockhausen sämtliche Christen – unabhängig von ihrer Konfession – vom jeweiligen Ortspfarrer betreut. In Lockhausen gelang der Plan, eine unierte Gemeinde ins Leben zu rufen, aber schließlich doch noch.

Zwischen 1991 und 1999 bestand ein „Evangelischer Kirchengemeindeverband", seit dem 1. Januar 2000 existiert die „Evangelische Kirchengemeinde Lockhausen". Sie gehört sowohl zur reformierten Klasse Bad Salzuflen wie zur Lutherischen Klasse der Landeskirche. Im Gottesdienst wird beiden Agendenwerken Rechnung getragen.

Die 1964/65 nach Plänen des Bielefelder Architekten Günter Schmidt errichtete Christuskirche dient seit 2000 der ersten unierten Gemeinde der Lippischen Landeskirche als Gottesdienstraum. Das zeltförmige Dach soll die Geborgenheit vermitteln, welche die Gemeinde in Gottes Hand erfährt. Die Altarwand beherrscht ein Betonrelief des Künstlers van Werven.

Ev.-ref. Kirche — Barntrup

Die Kirchengemeinde erlangte 1317 ihre Selbstständigkeit; zuvor war ihr Sprengel aus dem Kirchspiel Bega herausgelöst worden. Der untere Teil des Turmes und der gotische Chor könnten noch aus der Gründungszeit stammen. Das Kirchenschiff selbst datiert von 1638, als es nach einer Feuersbrunst wieder aufgebaut worden ist.

Barntrup ist eine Stadtgründung der Grafen von Sternberg. Später gelangte der Ort in den Besitz der Edelherren und Grafen zur Lippe, die eine eigene Burg unterhielten, von der heute jedoch nichts mehr zu sehen ist. In der Neuzeit gelang es der Familie von Kerßenbrock, eine überaus starke Stellung im Ort zu erreichen. Davon kündet nicht nur das ebenso machtvoll wie romantisch wirkende Kerßenbrocksche Schloss. Vielmehr treffen wir auch in der Kirche diverse Spuren ihres Wirkens an.

Neben der barocken Kanzel fällt dem Besucher vor allem die große Empore an der Nordwand auf. Hier befand sich der Platz der Familie von Kerßenbrock, worauf auch Wappendarstellungen aus dem 17. und dem beginnenden 18. Jahrhundert hinweisen (die Empore an der Südseite gehörte zur landesherrlichen Burg).

Die Orgel an der Turmseite ist eine Stiftung der Äbtissin des Stiftes Fischbeck bei Hameln, Lucie von Kerßenbrock, und ihrer Schwester Anna; sie wurde 1887 in der Orgelbaufirma Klaßmeier in Kirchheide angefertigt. Der 1553 ermordete Drost Arnd von Kerßenbrock fand in der Kirche seine letzte Ruhestätte, wovon eine Grabplatte Zeugnis ablegt.

Und als der malende Pfarrer Emil Zeiß 1864 die Barntruper Pfarrstelle erhielt, war dies nur aufgrund des positiven Votums der das Patronatsrecht ausübenden Familie von Kerßenbrock möglich.

Die Beziehungen zwischen Kirche und Kerßenbrocks in der Geschichte sind also vielfältig.

Auch heute noch trifft man regelmäßig Angehörige der Familie von Kerßenbrock in der Barntruper Kirche an. Die Gattin des Schlossbesitzers arbeitete bis 2004 im Kirchenvorstand mit und ließ auf diese Weise die historische Verbindung nicht abreißen.

Ev.-ref. Kirche in Alverdissen — Barntrup

Der Edelmann trägt eine Rüstung, aber seine Hände sind zum Gebet gefaltet, und der Gesichtsausdruck ist friedlich – Friedrich Werpup verstarb 1604 und wurde in der Alverdisser Kirche zur letzten Ruhe gebracht. Seit knapp 50 Jahren saß seine Familie auf dem Gut Ullenhausen, einem ehemaligen Benediktinerinnenkloster, das noch vor der Reformation einen völligen Niedergang erfahren hatte.

So lange es das benachbarte Kloster gegeben hatte, besaßen die Alverdisser – obwohl ursprünglich Bewohner einer Stadt samt Burg – sehr wahrscheinlich keine eigene Kirchengemeinde. Deren Anfänge werden in der ersten Hälfte des 16. Jahrhunderts vermutet; der Kirchturm trägt die Jahreszahl 1555 – vielleicht der Zeitpunkt seiner Fertigstellung. Das Kirchenschiff kann zu Untersuchungen nicht herangezogen werden, denn 1842/43 musste es infolge totaler Baufälligkeit abgerissen werden. Baumeister Ludwig Ferdinand August Merckel aus Detmold plante den Neubau.

Doch Alverdissen ist nicht nur Ruhestätte der Familie Werpup, sondern auch Wiege wie Begräbnisplatz des Hauses Schaumburg-Lippe. Dieses ging aus der Seitenlinie Lippe-Alverdissen hervor und besaß das hiesige Schloss bis zum Beginn des 19. Jahrhunderts.

In der Gruft am Kirchturm fanden im Verlauf des 18. Jahrhunderts acht oder neun Beisetzungen statt. Längst ist der Schlüssel verloren gegangen und der Raum somit nicht mehr ohne weiteres zugänglich. Doch die Ruhestätte befindet sich bis auf den heutigen Tag im Besitz des Bückeburger Fürstenhauses.

Ev.-ref. Kirche in Sonneborn — Barntrup

Wer in Norddeutschland eine Kirche aufsuchen möchte, die fast völlig mit Wandmalereien aus der Renaissancezeit geschmückt ist, der kann dies nur an einem Ort tun: im lippischen Sonneborn.

Vieles spricht dafür, dass das in einem langgestreckten Tal gelegene Kirchlein ursprünglich eine Filiale der Stammpfarrei Aerzen gewesen ist; aber auch Beziehungen zum Kirchdorf Bega sind belegt. Wann die Kirchengemeinde Sonneborn gegründet wurde, liegt im Dunkel des an Schriftquellen armen Mittelalters.

Eine Blütezeit erfuhr das kirchliche Leben im Zeitalter der Reformation. Seit 1524 waren weite Teile des Kirchspiels an die Barntruper Familie von Kerßenbrock verpfändet. Erst vier Jahrzehnte später gelang es Graf Hermann Simon zur Lippe, der Herr auf Burg Sternberg war, das Pfand wieder einzulösen. „Um der Kirche seine Gunst zu bezeugen, hat er vermutlich zu dieser Zeit die Ausmalungen in Auftrag gegeben" (A. Stadermann).

Nach nur weiteren 40 Jahren wurden die Wandmalereien im Zuge des Überganges vom lutherischen zum reformierten Bekenntnis übertüncht und erst 1954 bzw. 1971 wiederentdeckt und freigelegt. Das fast vollständig erhaltene Bildprogramm ist also das einzigartige Relikt einen kurzen Epoche der lippischen Kirchengeschichte, was es besonders wertvoll macht.

Überliefert sind rund 50 Bilder zu den Hauptstücken des lutherischen Katechismus: den Zehn Geboten, dem Glaubensbekenntnis, dem Vaterunser, den Sakramenten von Taufe und Abendmahl sowie zur Leidensgeschichte Jesu. Alles wird verbunden und eingerahmt durch eine reiche Pflanzendekoration.

Auch heute können die Bilder Anknüpfungspunkte für Predigten und kirchlichen Unterricht bieten, erfreuen aber ebenso zahlreiche Besuchergruppen von auswärts, die vornehmlich im Sommer nach Sonneborn kommen.

Wenngleich die Kirche zu Sonneborn erst 1381 urkundlich erwähnt wird, weist das Gotteshaus – zumindest in Teilen – in das 13. Jahrhundert zurück. Der Baukörper mit quadratischem Westturm, schlichtem Kirchenschiff und gleichbreitem rechteckigem Chor hat sich in den Jahrhunderten seiner Existenz kaum verändert, da das Bevölkerungswachstum gering ausfiel.

Ev.-ref. Klosterkirche im seligen Winkel — Blomberg

Um das Osterfest des Jahres 1460 ließ sich eine Frau namens Alheyd Pustekoke in der Blomberger Martinikirche einschließen und entwendete 45 geweihte Hostien. Reue und Angst, entdeckt zu werden, mögen die Frau getrieben haben, als sie das heilige Gut nach kurzer Aufbewahrung in einen Brunnen warf. Da die Hostien nicht untergingen, wurde die Täterin entdeckt und starb den Feuertod.

Über dem Brunnen, dem man nunmehr Wunderkräfte nachsagte, entstand bis spätestens 1462 die Kapelle „im seligen Winkel". Sie wurde bis 1485 zur dreijochigen spätgotischen Hallenkirche ausgebaut, dem bedeutendsten spätmittelalterlichen Sakralbau in Lippe. Ein im hiesigen Raum einzigartiges Aussehen verleihen der Kirche die beiden mit Fachwerkgiebeln abgeschlossenen Quersatteldächer. Entsprechend der Baugewohnheit der Augustiner existiert kein Turm; die Glocken waren ursprünglich in einem kleinen Erker am westlichen Quergiebel untergebracht. Heute beherbergt der nahe Turm der nicht mehr existierenden Martinikirche die Glocken.

Die Stadt wurde nach 1460 das Ziel eines nicht abreißenden Pilgerstromes. Nach den umfangreichen Zerstörungen im Zuge der Soester Fehde (1447) wurde auf diese Weise der Wiederaufbau nachhaltig gefördert. Die Bedeutung der Blomberger Wallfahrt wurde 1973 eindrucksvoll bestätigt, als beim Bau der Amsterdamer Untergrundbahn ein Pilgerzeichen von hier zum Vorschein kam.

Zur Bewältigung des Pilgerstromes wurde 1468 ein Kloster zum Heiligen Leichnam eingerichtet, in das Augustinerchorherren aus Möllenbeck einzogen. Zwar wurde die geistliche Einrichtung bereits im Zuge der Reformation wieder aufgelöst; die vormalige Klosterkirche blieb jedoch bis ins 18. Jahrhundert Grablege des Hauses Lippe, wenngleich das Kirchenschiff als Magazin diente. Seit den 1830er Jahren, als die Martinikirche abgerissen werden musste, wird sie wieder als Gottesdienstraum genutzt.

Das Grabmal Graf Bernhards VII. zur Lippe und seiner Gemahlin, Anna von Holstein-Schaumburg, in der Blomberger Klosterkirche gehört zu den „schönsten Zeugnissen spätmittelalterlicher Bildhauerkunst in ganz Westfalen" (Rolf). Es wird dem bekannten Künstler Heinrich Brabander zugeschrieben, der vor allem in Münster gewirkt und sich nachweislich auch in Blomberg aufgehalten hat.

Ev.-ref. Kirche in Cappel — Blomberg

Noch erkennbar vom Schock gezeichnet, berichtete der Cappeler Pastor Simon Franz Bernhard Stivarius über die Vorgänge, die sich am Sonntag, 22. Juli 1827, in seiner Kirche abgespielt hatten: „Nachmittags 1¾ Uhr wurde ein gewaltiges Getöse gehört, welches wahrscheinlich durch den Einbruch des Pfeilers entstand. Unterzeichneter so wie einige der Kirche nahewohnende Personen eilten auf den Kirchhof und hatten denselben kaum betreten, als ein zweiter Einsturz unter einem furchtbaren Gekrache und einer undurchsichtbaren Staubwolke erfolgte. Es lagen jetzt mehrere Gewölbe mit dem darüber ruhenden Dache zusammengestürzt da. Das (!) Chor war viele Fuß hoch mit Steinen, Holz und Schutt angefüllt; der Altar, die Kanzel und die Orgel waren größten Theils zerschmettert."

Damit hatte die Kirchengemeinde Cappel zum zweiten Mal seit 1636 – als es zu einer kriegsbedingten Zerstörung gekommen war – ihr Gotteshaus in weiten Teilen verloren. Und das, obwohl am Tag vor dem Einsturz dringend notwendige Erneuerungsarbeiten aufgenommen worden waren.

Diesem gravierenden Einschnitt in der örtlichen Kirchengeschichte, der – wäre er wenige Stunden zuvor, während des Gottesdienstes, eingetroffen – viele Menschenleben hätte kosten können, verdankt die Kirchengemeinde Cappel ihre wunderbare klassizistische Predigtkirche aus den Jahren 1828/29. Einen Chorraum gibt es nicht, vielmehr haben Kanzel und Abendmahlstisch ihren Platz an der Nordseite des Kirchenschiffes gefunden; die Verkündigung des Wortes Gottes ist, der reformierten Lehre entsprechend, in das Zentrum gerückt. Elf große Rundbogenfenster spenden großzügig Licht.

Zum Schauplatz lippischer Kirchengeschichte wurde der Cappeler Kirchhof am 19. August 1538. An diesem Tag fand sich hier der Landtag zusammen und verabschiedete eine neue Kirchenordnung für die Grafschaft. „Er beschließt damit rechtlich die Einführung der Reformation" (Haarbeck).

Ev.-ref. Kirche in Donop — Blomberg

Sie ist die kleinste lippische Ortskirchengemeinde und besteht aus gerade einmal 600 Gemeindegliedern. Die Ausmaße ihres Gotteshauses sind entsprechend: Da gewissermaßen kein Bevölkerungsdruck herrschte, brauchte die romanische Dorfkirche in Donop nie erweitert oder gar gänzlich ersetzt zu werden – aus heutiger Sicht ein großer Glücksfall!

Noch eine andere Konstante gibt es: Der Ortsname deutet auf die gleichnamige Familie hin, die als Gründerin der Kirche in Betracht kommt, zumindest aber in alter Zeit das Patronatsrecht besaß. Eine im 18. und 19. Jahrhundert belegte Familiengruft an der Kirche enthält elf Särge, während das ursprüngliche Familiengestühl aus dem Chorraum bereits im Dreißigjährigen Krieg verloren ging.

Weitere wertvolle Ausstattungsstücke gibt es: die Renaissancekanzel aus Heiden (die später in Haustenbeck ihren Platz hatte), die Orgel mit Stiftertafel, die beiden Glocken, die Reste vorreformatorischer Wandmalereien, den jüngst wieder aufgefundenen alten Taufstein, die Herrenprieche des Gutes Lüdershof und den früher in lippischen Kirchen obligatorischen, heute jedoch sehr selten gewordenen Armenstock für das Diakonieopfer.

Damit nicht genug: Neben der Kirche befinden sich mit dem Pfarrhaus und der Pfarrscheune (heute Haus der Begegnung) zwei ansehnliche historische Fachwerkbauten.

Ein Teil der Schauseite der ältesten Donoper Kirchenorgel ist erhalten geblieben. Sie wurde um 1688 für 203 Taler angeschafft. Neben mehreren Bibelzitaten ist ein Wappen mit Initialen erkennbar; sie stehen für den Grafen Casimir zur Lippe-Brake. Akribisch ist in den Annalen vermerkt, dieser Angehörige einer Seitenlinie des Grafenhauses habe ein Fuder Roggen im Wert von 22 Talern gespendet, während sein Detmolder Vetter, der Regierende Graf zur Lippe, nur 3 Taler beisteuerte.

Ev.-ref. Kirche in Reelkirchen — Blomberg

Der im Malen begabte Theololgiestudent Emil Zeiß fertigte 1854 eine Tuschzeichnung an, die den Reelkirchener Pfarrer Johann Heinrich Friedrich Schönfeld zeigt. Er sitzt – in vollem Ornat – zu Pferde und folgt einem Sarg auf dem Weg zum Friedhof um die Kirche. Da es in Strömen regnet, hält jemand einen schützenden Regenschirm über den Geistlichen.

Um Schönfeld, der zwischen 1795 und 1850, seinem Todesjahr, Pfarrer zu Reelkirchen war, ranken sich viele Geschichten. Auch sein Pferd „Liese" kommt immer wieder darin vor – obwohl doch ein und dasselbe Pferd ihm unmöglich 55 Jahre lang gedient haben kann! Dabei wird der Geistliche nicht überhöht, sondern menschlich und volkstümlich dargestellt. Berichtet wird auch von vielen Erfindungen, die er zu machen versuchte. „Sein – allerdings nie erreichtes – Ziel war dabei immer, seinen Mitmenschen zu helfen. Er hat dabei auch oft Spott geerntet", wie der spätere Reelkirchener Superintendent Werner Weßel wusste.

Das malerisch im Blomberger Becken gelegene Dorf, das neben stattlichen Höfen auch über ein veritables Schloss mit adliger Besitzerfamilie verfügt, reizt in besonderem Maße zum Erzählen solch anheimelnder Geschichten. So ist es auch kein Zufall, dass ein Nachfolger Schönfelds, Albert Doht, den Roman „Der Kirchherr von Reelkirchen", ein im Reformationszeitalter angesiedeltes Lebensbild, veröffentlichte.

Natürlich war und ist das Leben im Kirchdorf Reelkirchen nicht leichter als anderswo, aber die romantische Umgebung und die historische Kulisse haben immer wieder Menschen motiviert, ihrer Fantasie freien Lauf zu lassen. Auch und gerade so kann Kirche zur Heimat werden, zum persönlichen Bezugspunkt und zu einem Ort, wo man Ruhe und Frieden findet.

Das romanische Gotteshaus in Reelkirchen erhielt 1665 einen Erweiterungsbau nach Süden. Eine „1000-jährige" Linde symbolisiert die früher zum Kirchspiel gehörenden Orte. Alte Grabkreuze tragen ebenfalls zur Idylle bei.
Die Liborius-Darstellung im Tympanon des Hauptportals ist nur eine der zahlreichen bau- und kunstgeschichtlichen Besonderheiten dieser Kirche.

Ev.-ref. Kirche in Istrup — Blomberg

Der Leidensdruck war groß und wurde dennoch lange geduldig ertragen: Die Bewohner der Dörfer Istrup und Wellentrup mussten jahrhundertelang „über den Berg", um in Reelkirchen den Gottesdienst zu besuchen. Auch Taufen, Konfirmationen, Trauungen und Beisetzungen fanden im Kirchort statt.

In der Gemeindechronik von 2003 lesen wir von Verbesserungen, die sich bei genauerem Hinsehen jedoch nur als Notlösung erweisen: „Nach dem Neubau der Istruper Schule begann man Anfang des (20.) Jahrhunderts, dort alle 14 Tage Gottesdienste abzuhalten. Bevor der Hauptgottesdienst in Reelkirchen begann, traf man sich um 9 Uhr an der Schule. Ein eigener kleiner Glockenturm auf dem Schuldach rief die Gemeinde zusammen. Der Pfarrer stand in der Tür zwischen zwei Klassenräumen und hielt den Gottesdienst. Anschließend fuhr er mit seinem Pferdewagen schnell wieder nach Reelkirchen."

Ein nach dem Ersten Weltkrieg gegründeter Kapellenverband verlor seine Kapitalien während der Inflation von 1923. Auch unmittelbar nach Beendigung des Zweiten Weltkrieges war es nicht möglich, ein solch umfangreiches Bauvorhaben gleich zu verwirklichen. So konnte erst 1952 – mit maßgeblicher Hilfe der Landeskirche – damit begonnen werden, eine eigene Kirche zu errichten. Pfingsten 1953 wurde der nach Plänen des Detmolder Architekten Albert Hesse entstandene Bau eingeweiht.

Das Bauprojekt hätte sicherlich kaum ohne die Mithilfe der Gemeindeglieder gelingen können – und dies nicht nur im Hinblick auf ihre Spenden und Stiftungen. Vielmehr packten viele Bürger selbst mit an. So zeigt beispielsweise ein altes Foto drei Männer beim Ausschachten des Fundaments.

Belohnt wurden die Istruper und Wellentruper am 1. April 1954 mit der Umwandlung des 1946 gegründeten Pfarrbezirkes Reelkirchen II in die selbstständige Kirchengemeinde Istrup.

In den letzten fünf Jahrzehnten haben die Gemeindeglieder immer wieder selbst mit zugefasst. Die heutige Orgel wurde – wie auch schon ihre Vorgängerin, ein Elektronikum – unter Anleitung eines Industriemeisters in 200 Arbeitsstunden zusammengebaut. Auf diese Weise konnte mehr als die Hälfte der Gesamtkosten eingespart werden.

Ev.-luth. Kirche am Hagenplatz — Blomberg

Im ersten Drittel des 20. Jahrhunderts gab es in der Stadt Blomberg und ihrer Umgebung nur wenige Lutheraner. Wer sein Bekenntnis bewusst leben wollte, musste sich zur Mariengemeinde in Lemgo halten – angesichts der Entfernung ein schwieriges Unterfangen. Durch Krieg, Flucht und Vertreibung verschlug es eine größere Zahl lutherischer Christen in den lippischen Südosten. „Mit diesen kamen auch fünf Familien aus Polen, die der dortigen lutherischen Freikirche angehört hatten. Diese setzten sich nach der Flucht sofort mit ihrem früheren Geistlichen, Pastor Armin Schlender, der auch nach dem Westen geflüchtet war, in Verbindung. Im März 1946 sammelte dieser die Reste seiner und einiger anderer Ortsgemeinden der lutherischen Freikirche und führte sie zu einer Flüchtlings-Kirchengemeinde in Blomberg zusammen." Der dies berichtet, Michael Klumbies, wurde im November 1947 erster hauptamtlicher Seelsorger der ständig wachsenden Flüchtlingsgemeinde.

Die in Vereinsform organisierte Gemeinde hatte natürlich Probleme, für angemessene Räumlichkeiten zu sorgen. Zeitweilig fanden die Gottesdienste im eigens angemieteten Saal einer Gaststätte statt. Mit Unterstützung der Wisconsinsynode in den USA konnte schließlich 1950 eine Kapelle mit Pfarrerwohnung errichtet werden. Nur drei Jahre darauf hatte die Gemeinde bereits 800 Glieder.

Parallel dazu wurden nach wie vor Lutheraner, die sich zur Landeskirche hielten, von Lemgo aus betreut. Es erschien sinnvoll, über eine Vereinigung der beiden Gruppen zu verhandeln.

Im August 1952 war es so weit. Eine außerordentliche Mitgliederversammlung erklärte sich zum geschlossenen Übertritt in die Lippische Landeskirche bereit. Im Gegenzug beschloss die Landessynode 1953 die Grüdung der Ev.-luth. Kirchengemeinde Blomberg, deren Parochie heute neben Blomberg auch Schieder-Schwalenberg umfasst.

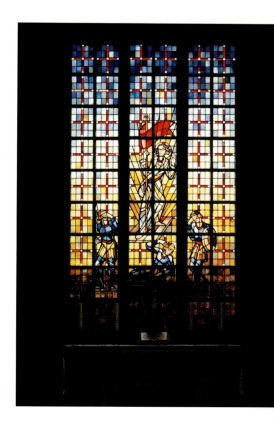

Die nach Plänen des Detmolder Architekten Albert Hesse entstandene Kirche am Hagenplatz wurde 1955/56 errichtet.

Ev.-ref. Kirche in Heiligenkirchen — Detmold

Im ausgehenden achten Jahrhundert führten die Franken auch in unserer Region die 30 Jahre währenden Sachsenkriege, in deren Verlauf die christlichen Franken die heidnischen Sachsen besiegten, schließlich unterwarfen und später christianisierten.

Eine der bedeutenderen Schlachten wurde 783 bei Theotmalli geschlagen und von Karl dem Großen gewonnen. Der Frankenkönig soll als Dank für seinen Sieg eine Kapelle zur „Heiligen Hülfe" errichtet haben. Vieles spricht dafür, dass diese Kapelle oder Kirche ihren Platz auf dem Königsberg bei Heiligenkirchen hatte – gewissermaßen „im Blickfeld des Schlachtortes" (Stöwer).

Archäologische Untersuchungen haben ergeben, dass die Anfänge des Gotteshauses in Heiligenkirchen „mit Vorbehalt (…) in das 9. Jahrhundert" (Lobbedey) datiert werden können, was ebenfalls für eine Gründung durch Karl den Großen sprechen könnte. Es hätte dann also zwei Gotteshäuser gegeben: die Gemeindekirche im Tal der Berlebecke („Halogankircan" = Kirche der Heiligen) und die Kapelle oder Kirche auf dem Berg („Thietmelli").

Im Jahr 1023 wurde die Krypta im neuen Kloster Abdinghof zu Paderborn in Gebrauch genommen; in ihr war ein ansehnlicher Altarstein aufgestellt, den Papst Leo III. während seines dreimonatigen Aufenthaltes im Jahre 799 in Paderborn geweiht haben soll. Damals stand er jedoch noch in der Kirche von Thietmelli. Als diese ihre Bedeutung eingebüßt hatte, erfolgte der Transport in die Bischofsstadt, verbunden mit der neuen Zweckbestimmung.

Manches bleibt in diesem Zusammenhang im Dunkel des Mittelalters. Doch zweifellos war es richtig, mit Bezug auf die Ereignisse von 783 im Jahre 1983 das Jubiläum „1200 Jahre christliche Kirche in Lippe" zu feiern.

Die romanische Dorfkirche wurde im 14. Jahrhundert nach Süden erweitert. Der Chorraum entstand nach einem Brand im 15. Jahrhundert im Stil der Gotik neu. Seither hat sich die äußere Gestalt des rund 800 Jahre alten Gotteshauses kaum verändert.

Ev.-ref. Erlöserkirche am Markt — Detmold

Inmitten der um 1265 begründeten Stadt Detmold erhebt sich die altehrwürdige Marktkirche. Da Detmold seit 1511 fast ununterbrochen Residenzstadt der Grafen und Fürsten zur Lippe war, führte das Gotteshaus zugleich die Bezeichnung Hofkirche. Das Haus Lippe feierte hier nicht nur den Gottesdienst, sondern ließ zwischen 1629 und 1854 auch mehr als 40 Familienangehörige in einem Teil der Sakristei beisetzen. Mehr noch, die unmittelbare Nähe zur Hauptresidenz der lippischen Landesherren erlaubt es, den „Kirchturm zugleich als Teil der Schloßanlage gelten" zu lassen (Großmann).

Diese Nähe zum Residenzschloss beraubte das Gotteshaus einerseits dringend notwendiger Erweiterungsmöglichkeiten, um dem Bevölkerungswachstum des 19. Jahrhunderts wirksam zu begegnen – und führte schließlich zur Errichtung einer zweiten reformierten Kirche in der Stadt. Andererseits machte sie die Markt- und Hofkirche zu einem wichtigen Schauplatz lippischer Kirchengeschichte: Die erste evangelische Kirchenordnung wurde hier am 25. Oktober 1538 der Pfarrerschaft des gesamten Landes vorgestellt. Und 1605 feierten in diesem Gotteshaus Graf Simon VI. zur Lippe, seine Familie und seine Beamten das Abendmahl nach reformiertem Ritus – die sog. zweite Reformation war vollzogen!

Heute ist die Erlöserkirche am Markt, wie sie seit 1947 bezeichnet wird, das Gotteshaus der reformierten Christen aus der östlichen Kernstadt und benachbarten Dörfern. Doch von einigen besonderen Plätzen auf der Nordempore verfolgen Mitglieder der fürstlichen Familie gelegentlich noch immer das gottesdienstliche Geschehen, obwohl sie seit 1908 eigentlich zur Gemeinde der Christuskirche gehören.

Das Erscheinungsbild der Erlöserkirche am Markt wird neben der Gotik vor allem von Stilmerkmalen der Renaissance geprägt. Nachdem das Gotteshaus bereits in der Soester Fehde von 1447 in Mitleidenschaft gezogen worden war, kam es auch in der großen Feuersbrunst von 1547 zu Schaden.

Im Zuge des Wiederaufbaus erhielt die Marktkirche den außergewöhnlichen Westturm mit der schiefergedeckten Renaissancehaube. Auch der Taufstein in runder Pokalform und zwei sehenswerte Epitaphien von Familien des niederen Adels datieren in diese Epoche.

Ev.-ref. Christuskirche am Kaiser-Wilhelm-Platz — Detmold

Aufgrund der Bevölkerungszunahme in der Residenzstadt und den umliegenden Dörfern erwies sich die Detmolder Marktkirche im 19. Jahrhundert als viel zu klein. Die Gemeinde wurde in den 1860er Jahren in einen selbstständigen Stadt- und Landbezirk geteilt – untrügliches Zeichen für ihre unübersehbare Größe. Schließlich stand den nur 1300 Sitzplätzen im Gotteshaus das Zehnfache an Gemeindegliedern gegenüber.

Neubaupläne mussten wegen fehlender finanzieller Mittel verschoben werden. Da starb im Dezember 1883 Auguste von Donop, die Witwe des Hofjägermeisters, und vermachte die bedeutende Summe von 40 000 Reichsmark der evangelischen Kirchengemeinde in Detmold, die zuerst eine neue Kirche bauen werde. Um einen unschönen Wettstreit zwischen Reformierten und Lutheranern zu vermeiden, teilte die Kirchenbehörde das Vermächtnis kurzerhand.

Nach ihrer Trennung von der Landgemeinde (1903) nahm die Stadtgemeinde das Bauprojekt in Angriff, denn ihr war der Kirchbaufonds zugefallen. Es fand sich ein schon wegen seiner guten Lage und seiner Ausmaße geeignetes Grundstück am Kaiser-Wilhelm-Platz, das die Stadt gegen den alten Friedhof am Lemgoer Tor eintauschte. Der Charlottenburger Architekt Otto Kuhlmann, der allerdings aus Detmold stammte, plante einen imposanten Bau. Anders als im Falle der diversen Landkirchen des 19. Jahrhunderts entstand hier bis 1908 eine großzügige Anlage mit knapp 1200 Sitzplätzen und einem 65,5 Meter hohen Turm.

Während das Gotteshaus im Stil der Neugotik gehalten ist, zeigt die Gruft unter dem Chorraum neuromanische Formen. Die Hauptkirche der Kirchengemeinde Detmold-West, wie sie seit 1947 heißt, dient bis heute als Grablege des lippischen Fürstenhauses.

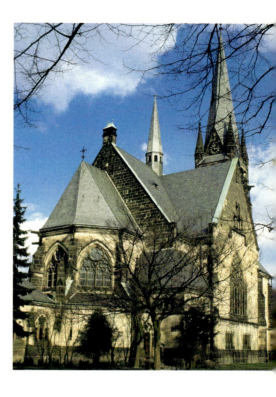

Pastor Hermann Werdelmann anlässlich der Einweihung: „Da nun das Weichbild der Stadt sich in der Hauptsache nach Osten hin erstreckt, so würde bei westlicher Turmaufstellung die Kirche ihr Gesicht der Stadt abwenden und dieser den Rücken zukehren. Weil uns das unangemessen erschien, deshalb haben wir den Turm so gestellt, daß er nach der Stadt hinschaut (...)".

Ev.-ref. Pauluskirche in Jerxen-Orbke — Detmold

Der gravierendste Einschnitt in der Geschichte war zweifellos der 1. Januar 1915. An diesem Tag wechselten die Dörfer Klüt, Dehlentrup, Jerxen und Orbke ihre kirchliche Zugehörigkeit. Über Jahrhunderte hatten sich die Bewohner der genannten Orte zur Kirche in Heiden gehalten. Von nun an sollten sie von der Landgemeinde Detmold seelsorgerlich betreut werden.

Zum 1. Januar 1947 erfolgte ein weiterer Wechsel. Im Zuge der Neuaufteilung der Gebiete kamen die vier Dörfer zur Kirchengemeinde Detmold-West. Von nun an fand der Gottesdienst in der Christuskirche am Kaiser-Wilhelm-Platz statt.

Ein Jahrzehnt später beschloss der Kirchenvorstand, im Detmolder Norden ein Pfarrhaus und einen Gemeindesaal zu errichten, der auch als Gottesdienstraum zu nutzen war. Mit dem legendären Heinrich Bödeker trat im Herbst 1958 der erste Geistliche des neuen Pfarrbezirks seinen Dienst an. In Pastor Bödekers Amtszeit fällt die Erweiterung des Gemeindesaals zur Kirche. Das am 1. Oktober 1967 eingeweihte Gotteshaus erhielt den Namen Pauluskirche.

Eines fehlte allerdings noch: ein Turm. Zwar gab es einen kleinen Glockenturm, der stand jedoch im Kirchgarten hinter dem Gebäude und trug keine Spitze, so dass er nicht sichtbar war.

Im September 1990 wurde der Turm mit einem großen Kran an die Vorderseite des Gebäudes versetzt. Bei dieser Gelegenheit erhielt er auch die lange vermisste Spitze.

Ein Dreivierteljahrhundert, nachdem sie aus dem historischen Gemeindeverband entlassen worden waren, kamen die reformierten Christen im Detmolder Norden endlich an ihr Ziel.

Obwohl die kirchliche Tradition in Jerxen-Orbke noch vergleichsweise jung ist, verfügt die Pauluskirche über einige bemerkenswerte Ausstattungsgegenstände: Den Wandteppich gestaltete Prof. Kurt Wolf aus Kaiserswerth. Die Altarbibel stiftete Bundespräsident Theodor Heuß. Die Fenster schuf Wolfgang Perbandt aus Berlin. Und das Orgelpositiv baute die Göttinger Firma Ott.

Ev.-ref. Versöhnungskirche — Detmold

Versöhnungskirche – der Name ist Programm. Waren im Norden Detmolds zu Beginn der 1960er Jahre mit der Paulus- und der Dreifaltigkeitskirche noch je ein reformiertes und lutherisches Gotteshaus für sich entstanden, entschlossen sich die Verantwortlichen in den beiden Kirchengemeinden bald danach, gemeinsame Wege zu gehen. Als Ort der Verwirklichung bot sich der Detmolder Westen an, wo zwischen Hiddeser Berg und Gut Braunenbruch, zwischen Bachstraße und Heidenoldendorf eine rege Siedlungstätigkeit stattfand.
Im Frühjahr 1966 wurde ein Vertrag zwischen der Ev.-ref. Kirchengemeinde Detmold-West und der Ev.-luth. Kirchengemeinde Detmold geschlossen, der eine größtmögliche Zusammenarbeit ihrer beiden vierten Pfarrbezirke vorsah: „Die wichtigsten Bestimmungen waren darin, daß in sonntäglichem Wechsel der Gottesdienst einmal für die evg.-ref. und einmal für die evg.-luth. Gemeindeglieder gehalten würde. (...) Die Arbeit im Gemeindehaus soll, soweit wie möglich, von den Vertragspartnern gemeinsam durchgeführt werden. (...) Für Anliegen beider Gemeinden besteht ein Hausausschuß (...). In den vierteljährlichen Sitzungen werden die Benutzungszeiten nach dem Veranstaltungsplan der Vertragspartner im voraus festgelegt. (...) Der Hausausschuß soll zwischen den beiden Kirchengemeinden, die wie zwei Kerne in *einer* Schale sind, ausgleichen und vermitteln, vor allem als beratendes und vorschlagendes Gremium."
Bauherrin und Eigentümerin der Versöhnungskirche ist die reformierte Gemeinde; die Lutherander genießen Gastrecht. Und doch hat man als Außenstehender den Eindruck, dass am Hiddeser Berg echte Ökumene praktiziert wird – und das seit beinahe vier Jahrzehnten!

Dem modernen Anliegen der Detmolder Reformierten und Lutheraner, ihren Glauben in ein und derselben Kirche zu praktizieren, entspricht auch die Ausführung der 1967 eingeweihten Versöhnungskirche. Der Duisburger Architekt Lothar Kallmeyer plante eine Anlage, in der der Baustoff Beton dominiert. Das Holz des Gestühls und der Orgel schafft ein farbliches Gegengewicht.

Ev.-luth. Martin-Luther-Kirche — Detmold

Nach dem Übergang Lippes vom lutherischen zum calvinistischen Bekenntnis, der sog. zweiten Reformation, gab es – mit Ausnahme der beiden lutherischen Gemeinden Lemgos – nur mehr reformierte Gemeinden; der Landesherr hatte von seinem Recht Gebrauch gemacht, das Bekenntnis seiner Untertanen festzulegen. Die Situation änderte sich 1721, als Graf Simon Henrich Adolf seiner Gemahlin, Johannette Wilhelmine von Nassau-Wiesbaden-Idstein, die öffentliche Abhaltung lutherischer Gottesdienste erlaubte.

Die nicht mehr benutzte Klosterkirche an der Schülerstraße wurde der kleinen Gemeinde als Gottesdienstraum zur Verfügung gestellt und noch im gleichen Jahr mit Gestühl, Kanzel und Orgel ausgestattet. Kollektenreisen und persönliche Spenden, insbesondere durch die Gräfin selbst, schufen die Grundlagen für die Errichtung einer neuen Kirche. Sie entstand zwischen 1733 und 1741 auf einem schräg gegenüber liegenden Bauplatz (vormals Adelshof von der Borch). Es handelte sich um eine achteckige Barockkirche, die als „lippische Paulskirche" in die Geschichte eingegangen ist, da hier 1848/49 Landtagssitzungen stattfanden.

Erst 1854 erfolgte die Gleichstellung von reformierten und lutherischen Christen in Lippe, was zu einer Vergrößerung ihrer Zahl führte. „Daher reifte der Plan heran, ein neues und größeres Gotteshaus zu errichten. Es ist uns heute unverständlich, daß man sich dazu entschloß, die alte, schöne Barockkirche abzureißen und an ihrer Stelle die neue Kirche, unsere heutige Martin-Luther-Kirche, zu bauen" (Krüger).

Das zwischen 1896 und 1898 errichtete neugotische Gotteshaus ist heute Hauptkirche der Ev.-luth. Kirchengemeinde Detmold, die mit ihren knapp 7000 Gemeindegliedern zu den größten Gemeinden in der Lippischen Landeskirche gehört. So ändern sich die Zeiten.

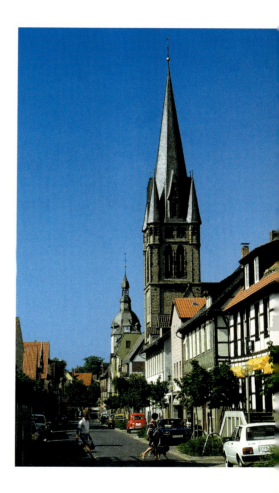

Die Martin-Luther-Kirche an der Schülerstraße und die Erlöserkirche am Markt liegen in einer Flucht und tragen wesentlich zum reizvollen Erscheinungsbild der Detmolder Altstadt bei.

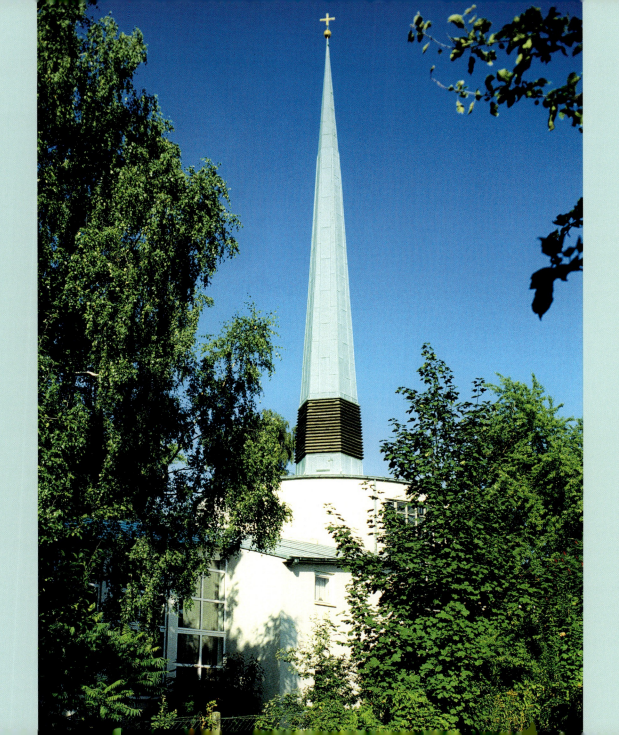

Ev.-luth. Dreifaltigkeitskirche — Detmold

Vom Bau der ev.-ref. Kirche in Hiddesen her war der Hamburger Architekt Gerhard Landmaack den Lippern kein Unbekannter. So wandte sich Pfarrer Gerhard Klose, Inhaber der dritten Pfarrstelle der lutherischen Gemeinde in Detmold, Anfang der 1950er Jahre an ihn, um über den Bau eines neuen Gotteshauses zu sprechen. Ein Jahrzehnt später, nach Vollendung der Kirche an der Lemgoer Straße, berichtete Langmaack über sein „Erschrecken": „Wenn auch unsere kirchenbaulichen Ansprüche nicht so hochgeschraubt sind wie etwa im Mittelalter, aber ganz so ‚verborgen' stellen wir uns unsere Kirchenbauten wiederum auch nicht vor. Und wenn wir auch unsere Räume nicht mehr vergleichen wollen mit den Aufwendungen des repräsentativen Barock, aber gar so wenig Platz, wie das gewiesene Grundstück bot, wollen wir doch auch nicht!"

Die Schwierigkeit des Bauplatzes wird es vor allem gewesen sein, die zu einer ebenso überlegten wie überzeugenden Lösung geführt hat. Neben dem bereits vorhandenen Pfarrhaus entstand ein Gemeindezentrum mit Kirche und Gemeindesaalanbau. Der Gottesdienstraum ist rund, hat einen Durchmesser von etwa 12 Metern und ist 9 bis 10 Meter hoch. Der markante Turm misst weitere 30 Meter und trägt ein Kreuz, so dass sich eine Gesamthöhe von 41 Metern ergibt. An das Kirchenrund schließt sich der lang gestreckte Gemeindesaal an. Kirchen- und Gemeinderaum fassen zusammen bis zu 450 Personen!

„Die beiden großen Fenster des Kirchenraumes sind ein Teil der die Gemeinde umgebenden Kirchenwand und durchbrechen sie doch zugleich so, daß das Licht von außen in voller Höhe des Kirchenraumes in den Raum hineinflutet, wie auch bei erleuchtetem Kirchenraum die Farben der Fenster in das Dunkel draußen hineinstrahlen." Die Fenster zeigen die Dreifaltigkeit und das himmlische Jerusalem.

Die Detmolder Dreifaltigkeitskirche ist – im übertragenen Sinne – auf die Grenze von Zeit und Ewigkeit, von Welt und Kirche gesetzt worden.

Ev.-luth. Kirche St. Michael im Kampe in Hiddesen — Detmold

Die historische Erfahrung lehrt, dass Abspaltungen von bestehenden Kirchengemeinden in der Regel von denen betrieben werden, die sich zu verselbstständigen wünschen. Anders war es im Falle der lutherischen Gemeinde in Hiddesen. Hier war es Erich Eichhorst, Pfarrer an der Detmolder Martin-Luther-Kirche, der 1949 die Gründung einer „Kirchbaugemeinschaft" initiierte. Noch im gleichen Jahr konnte – vor allem durch die Förderung des Martin-Luther-Bundes – mit dem Bau einer Kapelle begonnen werden (nach Errichtung der Kirche musste die Kapelle verkauft werden, um die Schuldenlast zu senken; ihr Abriss bekümmerte die Hiddeser Lutheraner sehr).

Als 1960 eine selbstständige Kirchengemeinde gebildet wurde, übernahm Pastor Eichhorst die Stelle des Seelsorgers. Überhaupt spielten einzelne Personen in der jungen Gemeinde eine besondere Rolle. So förderte beispielsweise Hanna von Boehmer, die Tochter des bekannten Industriellen und konservativen Politikers Alfred Hugenberg, das gemeindliche Bauwesen nachdrücklich.

Im Jahr nach der Gemeindegründung entschieden sich die Verantwortlichen für den Entwurf eines Kirchenneubaus von Prof. Dietz Brandi aus Göttingen. Bis zur Vollendung verstrich jedoch sage und schreibe ein halbes Jahrzehnt. Dafür war weniger die schwache Finanzausstattung des Bauherrn ausschlaggebend als vielmehr die Uneinigkeit zwischen Architekt und Gemeindeleitung. Selbstbewusst – und am Ende erfolgreich – schaltete man sich in Gestaltungsfragen ein.

„Am 2. Advent (1966) wird nach dem Gottesdienst der genau in der Mitte auf dem Boden plazierte Schlußstein eingefügt, unter welchem zuvor eine Kassette mit einer Urkunde und verschiedenen Zeitzeugnissen (darunter zwei Tageszeitungen) eingemauert wurde. Der Schlußstein ist fünfeckig wie der Grundriß des Kirchenhauptraums" (Luchterhandt).

Die Kirche St. Michael verfügt über den einzigen fünfeckigen Gottesdienstraum in Lippe. Trotz langer Zeiten finanzieller Anspannung wurde nach und nach eine erlesene Innenausstattung angeschafft. Dazu gehört auch das Kirchenfenster, das den Namenspatron des Gotteshauses zeigt.

Ev.-ref. Kirche in Vahlhausen — Detmold

Die Einweihungsfeier der Vahlhauser Kirche am 19. Dezember 1915 ist noch keine 90 Jahre her, und doch mutet der Bericht darüber an, als stammte er aus einer lange vergangenen Zeit: „Punkt 11 Uhr fuhr das Automobil, das das Fürstenpaar und den Erbprinzen brachte, an dem schön geschmückten Portal vor. Die Fürstlichen Herrschaften wurden von der Geistlichkeit und dem Kirchenvorstande empfangen und begrüßten huldvoll den Staatsminister Exzellenz Pustkuchen." Schließlich „betraten die Höchsten Herrschaften unter Vorantritt der Herren Generalsuperintendent Weßel und Pastor Brüns das dicht besetzte schöne Gotteshaus."

Der Ausbruch des Ersten Weltkrieges hatte die Bauarbeiten erheblich verzögert. Überhaupt schien die Gemeindegründung auf freiem Feld nicht unbedingt unter einem guten Stern zu stehen. Die Vorbereitungen hatten sich über Jahre hingezogen und mancherlei Meinungsunterschiede erwiesen. So soll das Fürstenpaar sogar den Standort der Kirche bestimmt haben, „als sich die streitenden Parteien darüber nicht einigen konnten" (Th. Wiemann).

Ursprünglich als Vorstufe für einen späteren Kirchbau geplant, blieb der Gemeindesaal, um den es sich zunächst eigentlich nur handelte, dauerhaft bestehen. Zeitgleich mit der Errichtung des Turmes kam es 1935 lediglich zu einer Vergrößerung des Raumes.

1982/83 erfolgte ein zweiter Anbau, „mit dessen Hilfe auch die Kirche bei besonderen Gelegenheiten erweitert werden kann. So hat Vahlhausen eine Kirche erhalten, die von einigen mit leichtem Spott als ‚Kirche auf Rädern' bezeichnet wird, weil das meiste in ihrem Innenraum beweglich ist – bis hin zur Kanzel" (A. Wagner).

Der nach Plänen des Lagenser Stadtbaumeisters Gustav Meßmann errichtete Komplex besteht aus Kirche und Pfarrhaus, die miteinander verbunden sind. Die freistehende Anlage ist ungewöhnlich, bietet jedoch auch große Vorteile. So finden die Trauerfeiern für Verstorbene im Gotteshaus statt. Zur Beisetzung begibt sich die Trauergemeinde über die Straße auf den Friedhof.

Ev.-ref. Kirche in Heidenoldendorf — Detmold

„Gewiß bedauern wir mit vielen anderen die Notwendigkeit des Abbruchs der alten Kirche. (...) Aber man darf doch auch nicht vergessen, daß Häuser nicht für die Ewigkeit gebaut sind, sondern wie alles Irdische ihre Zeit haben. (...) Kirchen sind nun einmal nicht zum Ansehen von außen, sondern für den gottesdienstlichen Gebrauch bestimmt. Und für ihn ist das Kircheninnere nicht geeignet. Es fördert nicht die Andacht und Anbetung, sondern es stört sie."

Mit diesen klaren Worten wandte sich der Heidenoldendorfer Kirchenvorstand am 10. Februar 1957 an die Öffentlichkeit. Vorausgegangen war heftige Kritik an dem Beschluss, die ursprünglich denkmalgeschützte Kapelle des Dorfes abzureißen, um einen modernen Neubau nach Plänen des Detmolder Regierungsbaurates Kurt Wiersing zu errichten.

Natürlich kann man für die Argumente von Kritikern und Befürwortern der damals gefundenen Lösung Verständnis aufbringen. Fest steht, dass die jahrhundertealte Kapelle durchaus ihren besonderen äußeren Reiz hatte. Ebenso steht aber auch fest, dass es ernsthafte Versuche gegeben hatte, den historischen Baubestand in die Planung der neuen Kirche einzubeziehen, was jedoch wegen großer Probleme mit der Bausubstanz nicht gelang.

Jedenfalls ging mit dem Abriss der Kapelle, die unmittelbar neben der heutigen Kirche stand, eine lange Tradition zuende. Zwar wurde die Seelsorge immer von einem Geistlichen der Detmolder Marktkirche betrieben, doch das Eigentum an dem kleinen, 1927 erweiterten Sakralbau lag nach dem Kapellenstatut von 1910 nicht bei der Detmolder Kirchengemeinde, sondern bei der dörflichen Kapellengemeinde. Bereits 1928 wurde über die Umwandlung der Kapellengemeinde in eine selbstständige Kirchengemeinde verhandelt. Sie erfolgte jedoch erst zum 1. Januar 1947.

Heidenoldendorfer Baufirmen realisierten 1957/78 die Neubaupläne. Selbst das große Kirchenfenster konnte von einem ortsansässigen Künstler, nämlich Karl Ehlers, gestaltet werden.

Ev.-ref. Kirche in Hiddesen — Detmold

Bis zu ihrer Abtrennung im Jahre 1793 gehörten auch die Hiddeser Christen zur Kapellengemeinde Heidenoldendorf. „Dort, wo heute das Hiddeser Postgebäude steht, wurde 1799 mit dem Bau einer Kapelle begonnen, die am 2. Juli 1800 durch Herrn Generalsuperintendent von Cölln feierlich eingeweiht wurde. (...) Die Kapelle wurde 1902 mitsamt dem dabei gelegenen Friedhof der hiesigen Bürgergemeinde übereignet und abgerissen" (Fuhr).

Die kleine Hiddeser Kapelle, von der eine reizvolle Darstellung erhalten geblieben ist, bestand also kaum mehr als ein Jahrundert lang. Der Verlust wog um so schwerer, als zunächst kein spezieller Nachfolgebau errichtet werden konnte, sondern lediglich ein Klassenraum in der an gleicher Stelle aufgeführten Dorfschule zur Verfügung stand. Dieses Provisorium hielt 50 Jahre lang.

Allerdings existierte seit 1908 das Gemeindehaus, in dem eine Diakonisse des Detmolder Mutterhauses wohnte. Sie kümmerte sich einerseits um die Krankenpflege, andererseits um die Kleinkinderschule (mit durchschnittlich 55 Kindern täglich) – eine heute nicht mehr vorstellbare Kombination!

So lange es in Hiddesen keinen eigenen Pfarrer gab, sondern die Versorgung von der Detmolder Marktkirche aus geschah, war die Gemeindeschwester auch als Bindeglied zur Kirchengemeinde gefordert. Die zum 1. Januar 1947 selbstständig gewordene Hiddeser Kirchengemeinde erhielt im Mai mit Karl Fuhr ihren ersten Seelsorger. Bereits in seiner fünften Sitzung beschloss der Kirchenvorstand am 4. Juli 1948: „Der KV ist sich darüber klar, daß er nicht bessere Zeiten abwarten kann für den Bau einer Kirche am Ort. Vielmehr soll diese Aufgabe schon von vornherein ins Auge gefaßt werden."

Die Hiddeser Kirche entstand bald nach Kriegsende. Die Pläne des Hamburger Kirchbaumeisters Gerhard Langmaack wurden 1951/52 in die Tat umgesetzt.

Ev.-ref. Friedenskirche in Remmighausen — Detmold

Die Orte Remmighausen, Schönemark, Schmedissen und Meiersfeld wurden von altersher von der Detmolder Marktkirche aus seelsorgerlich betreut. Seit 1948 sind gemeindliche Zusammenkünfte in der alten Remmighauser Schule nachweisbar; 1956 fand hier erstmals ein Gottesdienst statt.

Als sich im Jahr darauf die Möglichkeit bot, das Schulgebäude samt angrenzendem Lehrerhaus und umliegendem Grundstück zu erwerben, griff die Kirchengemeinde Detmold-Ost zu. Noch Ende der 1950er Jahre erfolgte der Umbau zum Gemeindehaus mit Kirchsaal. Das Lehrerhaus wurde zum kombinierten Pfarr- und Küsterhaus umgestaltet.

Erster Remmighauser Pfarrer wurde Peter Gleiss, der – Ostern 1959 eingeführt – zunächst noch Inhaber der Pfarrstelle Detmold-Ost III war, ehe 1960 die selbstständige Kirchengemeinde Remmighausen entstand.

Was ihr noch fehlte, war eine eigene Kirche, die 1967/68 nach Plänen des Lippstädter Architekten Rainer Mumme realisiert worden ist. Anlässlich der Einweihung führte er aus: „Die Christen haben von Gott den Auftrag, in ihrer Zeit und für ihre Zeit zu leben. Das muß man auch an ihren Gebäuden erkennen können. Es wird sich daran zeigen, ob die Menschen, die die Gebäude geplant und beschlossen haben, nur an der Vergangenheit interessiert sein wollen oder aus der Vergangenheit schöpfend an der Gegenwart und Zukunft."

Durch die Verwendung der modernen Baustoffe Beton, Holz und Glas wollten die Verantwortlichen dieser Haltung und Wegweisung Ausdruck verleihen.

Der Innenraum des Gotteshauses ähnelt bewusst „einem großen Wohnzimmer (…): ein offener Kamin, Tische und Sessel, eine Teeküche und wieder der freie Blick durch die bis zum Fußboden reichenden Fenster in den Garten. Ein Ort zum Bleiben."

Ev.-ref. Kirche in Pivitsheide — Detmold

„Zunächst gab es einmal heftige Auseinandersetzungen um den Standort. Aber man einigte sich schließlich darauf, den beinahe exakten Mittelpunkt beider Pivitsheide zu nehmen."
Schon dieses kurze Zitat aus der Festschrift zum 50-jährigen Bestehen der Kirchengemeinde Pivitsheide macht deutlich: Wir haben es hier mit einer speziellen Situation zu tun. In der Tat muss man bis heute genau zwischen Pivitsheide VL und Pivitsheide VH unterscheiden. Es handelte sich um zwei zwar benachbarte, früher allerdings zu unterschiedlichen Verwaltungseinheiten und auch Kirchengemeinden gehörende Orte. „VL" steht für die Zugehörigkeit zur Vogtei Lage, „VH" zur Vogtei Heiden. Entsprechend ergab sich die Anbindung an die Kirchengemeinde Stapelage (in der alten Vogtei Lage) bzw. an die Kirchengemeinde Heiden.
Diese Grenzziehung konnte 1942 durch Gründung der Kirchengemeinde Pivitsheide überwunden werden. Erst im Dezember 1945 erhielt sie ihren eigenen Pfarrer. Man kann es sich heute nicht mehr vorstellen, aber Pastor August Wehmeier wohnte während seines fast drei Jahrzehnte dauernden Dienstes nicht in der Gemeinde, sondern auf dem Bauernhof der Familie seiner Frau in Hiddentrup, also auf Stapelager Gebiet. Auf diese Weise sparte man sich die Errichtung eines Pfarrhauses in schwieriger Zeit.
Und auch eine „richtige" Kirche gab es in den ersten fast 25 Jahren nicht. Erst 1965/66 entstand ein moderner Bau nach Plänen von Prof. Brandi in Göttingen. Zuvor hatte das bereits 1928 von Stapelage aus errichtete Gemeindehaus gute Dienste getan. Und noch eine Besonderheit kann berichtet werden: Das Gemeindehaus war ein knappes Vierteljahrhundert lang zum Lager einer Möbelfabrik umfunktioniert, ehe es 1990 Gottesdienstraum einer Freien Evangelischen Gemeinde geworden ist.

Durch ihre besondere Vor- und Entstehungsgeschichte bedingt verlief die Entwicklung der Kirchengemeinde Pivitsheide vergleichsweise ungewöhnlich. Heute verfügt die Gemeinde neben der Kirche in Pivitsheide VL über ein Gemeindehaus in Pivitsheide VH, drei Pfarrhäuser und ebenso viele Kindergärten.

Ev.-ref. Kirche in Berlebeck — Detmold

Wie so oft waren es auch in Berlebeck die Folgen des Zweiten Weltkrieges, die zur Gründung einer eigenen Kirchengemeinde führten. Angesichts der erheblichen Bevölkerungszunahme fanden bald nach Kriegsende die ersten regelmäßigen Gottesdienste hier statt. Der zuständige Pfarrer aus Heiligenkirchen kam in zweiwöchentlichem Rhythmus, um in einem der Klassenräume im Schulgebäude zu predigen.

Dank der Schenkung eines Grundstückes durch einen Kirchenältesten konnte bald die Errichtung eines eigenen Gotteshauses geplant werden. In den Jahren 1953/54 entstand ein schlichter, aber zweckmäßiger Bau. „In den ersten Jahren mußten die Gottesdienste schon um 8.30 Uhr beginnen, da Pfarrer Wilhelm Jürges um 10.00 Uhr den Gottesdienst in der Kirche zu Heiligenkirchen zu halten hatte. Bald schon erwies sich die Arbeit in beiden Orten – dazu gehörten noch Fromhausen und Hornoldendorf – als zu aufreibend für einen Pfarrer" (Brackhage).

Daher wurde 1959 eine weitere Pfarrstelle gegründet, was natürlich zur Herausbildung eines eigenen kirchlichen Lebens in Berlebeck führte. Nur konsequent war es, im Kirchenvorstand die Trennung in zwei Kirchengemeinden zu betreiben. Die Lippische Landessynode stimmte zu; seit dem 1. Januar 1969 besteht die selbstständige Kirchengemeinde Berlebeck.

Erst seit 1991 verfügt die Berlebecker Kirche über einen Turm. In ihm hängen drei eigens gegossene Glocken. Die nicht geringen Errichtungs- bzw. Anschaffungskosten hat die Gemeinde genau bedacht. Argumente, die gegen dieses Engagement sprachen, wurden gehört. Doch am Ende setzte sich der Wunsch durch: „Die Glocken mögen in Zukunft viele Generationen von Gemeindegliedern unter Gottes Wort rufen."

Ev.-ref. Diakonissenhauskirche — Detmold

Am 7. Juli 1899, dem Gründungstag des Detmolder Diakonissenhauses, wurde Pastor Karl Meyer in das Amt des Vorstehers eingeführt. Weihnachten 1911 konnte der unter seiner Regie errichtete Anbau des Mutterhauses in Gebrauch genommen werden; er enthielt einen repräsentativen Festsaal, der auch für Gottesdienste genutzt werden konnte, zumal es eine eigene Orgel gab. Am 22. Oktober 1933 wurde hier mit einem Festakt Pastor Meyer verabschiedet und dessen Nachfolger, Wilhelm Jürges, willkommen geheißen. In seine Amtszeit fiel die Gründung der Ev.-ref. Kirchengemeinde Diakonissenhaus Detmold zum 1. Oktober 1944; indem es sich unter den Schutz der Kirche stellte, hoffte das Mutterhaus vor Übergriffen durch die NS-Machthaber sicher zu sein.

Was der neu gegründeten Kirchengemeinde noch fehlte, war ein eigenes Gotteshaus. Es entstand Mitte der 1950er Jahre, und der hochbetagte Pastor Meyer – seit seiner Pensionierung trug er auch den Titel Kirchenrat – hielt bei der Einweihung am Reformationstag 1956 die erste Predigt. Am 1. April 1960 fand in der Diakonissenhauskirche die Trauerfeier für Karl Meyer statt; nach mehr als sechs Jahrzehnten musste das Mutterhaus von seinem Gründungsvorsteher Abschied nehmen.

Heute würde der Kirchenrat sein Werk kaum wiedererkennen. Das alte Diakonissenhaus musste 1977 zugunsten der Erweiterung des Klinikums aufgegeben werden. Die ursprünglich im Zentrum des Geländes liegende Mutterhauskirche ist an den Rand gerückt. Doch dass sie nach wie vor regelmäßiger Gottesdienstort ist, dass hier auch immer noch Diakonissen anzutreffen sind und dass diese Gemeinde seit 1998 über eine eigene gewählte Vertretung verfügt – all das zeichnet die Diakonissenhauskirche und ihre Gemeinde aus.

Vor der Errichtung ihrer eigenen Kirche besuchten die Diakonissen des Detmolder Mutterhauses den Gottesdienst in der Krankenhauskapelle oder in der Stadt.

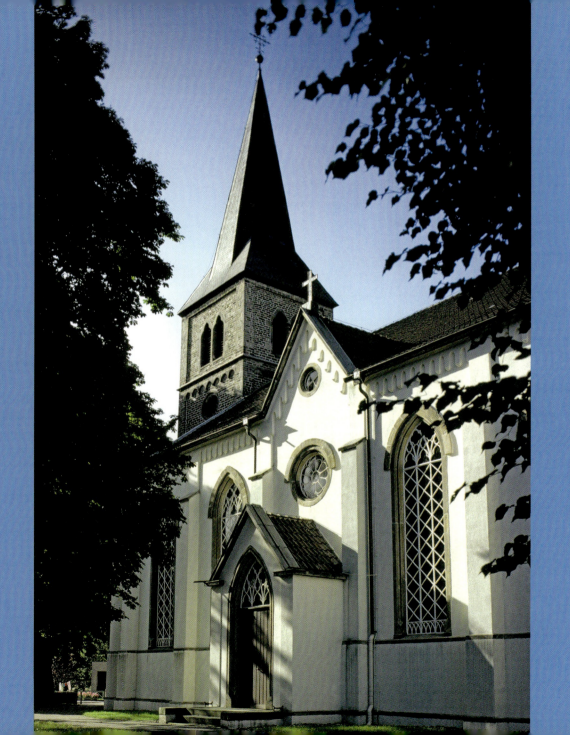

Ev.-ref. Kirche in Bega — Dörentrup

Die Vorsteher innerhalb der Kirchengemeinde Bega teilen 1587 mit, dass ihr Gotteshaus „gar schmal, enge und behende ist. Demnach die Leute sich kümmerlich darin behelfen, einer den andern tut drängen, viele draußen vor den Türen und an den Kirchmauern auf dem Kirchhof zum Gehör göttlichen seligmachenden Wortes sich enthalten müssen (...) daß viele daheim bleiben oder vor Ausgang der Predigt fortgehen".

In den armen oder doch zumindest weniger gut betuchten lippischen Gemeinden behalf man sich in solchen Fällen durch den Einbau neuer Emporen oder weiterer Kirchenbänke, die einfach enger aneinander gestellt wurden. Erst, wenn dies nicht mehr möglich war, dachten die Verantwortlichen an eine Erweiterung oder gar einen Neubau des Kirchenschiffes.

In Bega bedurfte es dazu noch eines äußeren Anlasses, nämlich des Einsturzes eines großen Teiles der Decke am Weihnachtsfest 1861. So wurde in den Jahren 1863/64 nach Plänen des nachmaligen Domänenbauinspektors Merckel aus Detmold ein geräumigeres Kirchenschiff errichtet.

Lesenswert ist der Brief der Gemeinde an Fürst Leopold III. zur Lippe, den dieser in der Weihnachtszeit des Jahres 1862 erhalten haben dürfte: „Wir kommen in aller Untertänigkeit, nicht um Gold oder Silber zu erflehen", heißt es zu Beginn. Es folgt statt dessen die Bitte, das nötige Bauholz stiften zu wollen. Die Begründung: „Durchzuckt ja das erhabene Vorrecht und die Wonne ‚schenken' zu können die ganze Christenheit in dieser fröhlichen Zeit." Die lippische Lösung des Problems: Die Hochfürstliche Durchlaucht geruhte zu schenken, stellte aber den Hauerlohn in Rechnung!

Der noch intakte romanische Kirchturm blieb übrigens stehen und wurde erst 1891 nach seiner Zerstörung durch einen Blitzschlag ersetzt.

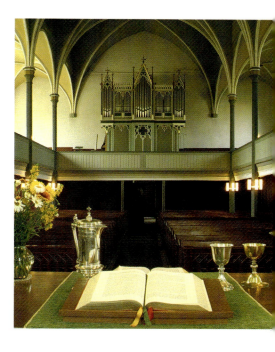

Ursprünglich umfasste die Kirchengemeinde Bega das obere Begatal und seine Randgebiete. Noch im Mittelalter wurden die Kirchspiele Donop und Barntrup ausgegliedert. Barntrup, das es später zur Stadt gebracht hat, wurde deswegen vom geschichtskundigen Pfarrer Friedrich Wiehmann in Bega noch 1981 als „Tochtergemeinde" betrachtet, der er namens der „Muttergemeinde" zur Einweihung eines neuen Gemeindehauses gratulierte.

Ev.-ref. Kirche in Hillentrup — Dörentrup

„Es gibt in der Pfarrei ein Ciborium (= Behälter mit Hostien), und es werde gesehen und beobachtet, wie darum unfrommer Kultus und Missbräuche geschehen. Daher wurde Montanus beauftragt, diese Hostie zu entfernen, ebenso einige andere Dinge, um jede Gelegenheit zu einem unfrommen Kulte zu beseitigen."

Mit dieser Handlung endete im Jahre 1542 – also im Zuge der Reformation – die seit 1407 bezeugte Sakramentswallfahrt nach Hillentrup. Damals soll eine in der Kirche aufbewahrte Hostie einen Brand unbeschadet überstanden haben. Belegt ist, dass das Hillentruper Gotteshaus „durch Raub und Brand verwüstet und in Brand geraten" war (1431). Allerdings blieben das spätromanische Kirchenschiff und der frühgotische Turm so weit intakt, dass lediglich „die Dächer und hölzernen Ausbauteile" (Stiewe) erneuert werden mussten.

Die als Wunder angesehenen Ereignisse führten dazu, dass Hillentrup zum Ziel von Pilgern wurde. Anders als im Falle der Blomberger Sakramentswallfahrt ist jedoch kaum von einer überregional ausstrahlenden Wirkungskraft auszugehen. Vielmehr spielten vor allem die Bürger der nahen Stadt Lemgo eine wichtige Rolle; von drei Prozessionen jährlich ist die Rede.

Der Hillentruper Kirche jedenfalls gelang es in der Folgezeit, durch Annahme großzügiger Schenkungen zu erheblichem Besitz zu kommen. „Die im 16. Jahrhundert genauer fassbare örtliche Grundherrschaft umfasste schließlich die meisten Höfe in Hillentrup und Spork, den ganzen Krubberg sowie weitere einzelne Grundstücke und Höfe in der Umgebung. Unter den lippischen Dorfkirchen nahm sie damit eine Sonderstellung ein" (Linde).

Der an der Wende vom 19. zum 20. Jahrhundert errichtete Neubau des Gotteshauses im neugotischen Stil geriet denn auch so stattlich, das man ihn im Volksmund als „Hillentruper Dom" bezeichnet hat.

Das spätgotische Sakramentshäuschen stammt im Kern aus der Zeit der Wallfahrt; seine heutige Gestalt erhielt es während einer Restaurierung im Jahre 1899.

Ev.-ref. Kirche in Spork-Wendlinghausen — Dörentrup

Ein erster Gründungsversuch scheiterte: 1955 hatten einige Kirchenälteste der Gemeinde Hillentrup ausgelotet, ob nicht eine selbstständige Kirchengemeinde Spork-Wendlinghausen gebildet werden könne. Doch bereits drei Jahre später gab es immerhin einen eigenen Pfarrbezirk mit Stelleninhaber; sein Domizil wurde das 1954 in weiser Voraussicht angekaufte heutige Küsterhaus.

Schon 1959 konnte das neue Gemeindehaus in Gebrauch genommen werden, im Jahr darauf folgte die Errichtung des Pfarrhauses. 1967 wurden dem Pfarrbezirk die Dörfer Wendlinghausen und Stumpenhagen zugeschlagen, die seit altersher zur Kirchengemeinde Bega gehört hatten.

Nach zwei Jahrzehnten geduldig ertragenen Stillstandes in der baulichen Entwicklung erhielt der Pfarrbezirk Spork-Wendlinghausen schließlich 1980 seine Paul-Gerhardt-Kirche. Die rechtliche Verselbstständigung zur Kirchengemeinde geschah am 1. Januar 1992.

Der langjährige Pfarrstelleninhaber Walter Stock kam bald danach zu einem positiven Ergebnis: „Die Selbstständigkeit bewährt sich: Die kleinere Einheit gewährt den besseren Überblick, und ist es immer hilfreich und heilsam, wenn die eigenen Leute über die eigenen Angelegenheiten beraten und beschließen (...). Die gute und bewährte Nachbarschaft zu Hillentrup aber bleibt bestehen."

Der erst 1987 errichtete moderne Kirchturm wird bekrönt vom alten Hillentruper Hahn. Neben einer neuen Glocke hat hier auch die Hillentruper Glocke von 1505 ihren Platz gefunden. Die Tochter verleugnet die Abstammung von ihrer Mutter also in keiner Weise.

Ev.-ref. Kirche in Almena — Extertal

Der Detmolder Baumeister Ferdinand Ludwig August Merckel stellte 1850 die gänzliche Baufälligkeit des Almenaer Kirchenschiffes fest. Wie der noch stabile Turm des Gotteshauses stammte es aus dem zwölften Jahrhundert, als das Kirchspiel Almena von der Pfarrei Exten (heute: Stadt Rinteln) abgespalten wurde. Weil die Gemeinde arm war, hatte es seit der Reformation keine umfassende Renovierung mehr gegeben.

Der Mangel an weltlichen Gütern war es auch, der zu einem im Wortsinne bemerkenswerten Neubau führte. Allerdings verstrichen zunächst eineinhalb Jahrzehnte, in denen immer neue Bedenken und Schwierigkeiten, etwa wegen der Kosten oder der Verlegung des Friedhofes an den Ortsrand, ausgeräumt werden mussten.

In den Jahren 1865/66 setzte der frischgebackene Domänenbauinspektor Merckel seinen Plan für ein neugotisches Kirchenschiff um. Aus Kostengründen war er freilich gezwungen, die Bauelemente stark zu vereinfachen. So finden wir in Almena statt Steingewölben solche aus Lehm; sie ruhen auch nicht auf Strebepfeilern außen und steinernen Pfeilern im Innenraum, sondern auf schlanken Metallpfeilern und Holzkonsolen; Rippen, Gurt- und Schildbögen sind Holzkonstruktionen. Streng genommen haben wir es nur mit einer Imitation zu tun. Flache Gewölbe, rundbogige Fenster und ein quer zum Kirchenschiff stehender Chorraum fallen ebenfalls aus dem gewöhnlichen Rahmen. Die Almenaer erkennen hierin jedoch einen Vorteil: „Gerade aber diese Besonderheiten unserer Kirche, die man sonst nirgends vorfinden kann, dürften – zumindest unbewußt – bei vielen Almenaern ein ‚Heimatgefühl' hervorrufen. Das Gebäude ist ‚unsere Kirche', die keiner anderen wirklich gleicht" (Schanz u.a.).

Eine schönere Liebeserklärung kann man seinem Gotteshaus wohl kaum machen.

Eine Aufstockung oder gar ein Neubau des mittelalterlichen Almenaer Kirchturms kam für die Gemeinde Mitte des 19. Jahrhunderts nicht in Frage. So fallen die Proportionen des Gotteshauses etwas ungewöhnlich aus. Besonders reizvoll ist der umlaufende Zackenfries unterhalb des Dachansatzes.

Ev.-ref. Kirche in Bösingfeld — Extertal

Die Geschichte der Bösingfelder Kirche liest sich wie eine Abfolge von Katastrophen und Zerstörungen, von Geldnot und der Schwierigkeit, baulicher Probleme Herr zu werden. Und doch haben es die Menschen hier im Extertal immer wieder geschafft, ihr Gotteshaus in einen würdigen Zustand zu versetzen.

Die Selbstständigkeit der Kirchengemeinde ist seit Mitte des 13. Jahrhunderts bezeugt. Infolge einer Fehde zwischen Lippe und Holstein-Schaumburg lag das Gotteshaus jedoch seit 1424 wüst und wurde wahrscheinlich erst 1492 wiederaufgebaut – wie hoffnungslos die Situation gewesen sein muss, zeigt die Abgabe der Glocke nach Hillentrup (1442).

Eine Feuersbrunst verwüstete den Ort im September 1632 – also mitten im Dreißigjährigen Krieg. „Der Wiederaufbau, mindestens aber eine behelfsmäßige Wiedereinrichtung in gleicher Form, wurde trotz der schweren Zeit in kurzer Frist geleistet, sogar eine neue Glocke angeschafft, deren Jahreszahl 1633 bis heute Zeugnis ablegt von dem zähen Aufbauwillen der Bevölkerung" (H. Wilkens).

Die Schwierigkeiten rissen nicht ab: 1659 brachte ein Kollektant, der für den Wiederaufbau des Chordaches gesammelt hatte, fünf Sechstel des Reiseerlöses durch. 1696, als es um die Erweiterung des Gebäudes ging, erbrachte eine jahrelange Kollektenreise lediglich die Hälfte des für die Turmreparatur erforderlichen Geldes. Die Vergrößerung des Innenraumes wurde nur mit Hilfe der Landesherrschaft möglich.

Der Kirchturm blieb über Jahrhunderte das Sorgenkind der Gemeinde. 1934 wurde er schließlich abgerissen und in ähnlicher Form – nur ein bisschen höher – neu errichtet.

Eine zweite Erweiterung erfolgte 1857, ging aber zu Lasten des Chores, der 1806 seine Gewölbe verloren hatte. Die heutige Gestalt des Innenraumes datiert von 1962.

Das wertvollste Ausstattungsstück ist unumstritten die Kanzel. Die geschnitzten Darstellungen an den sechs Seitenstücken zeigen – allerdings unvollständig – die vier Evangelisten und die drei christlichen Tugenden.

Ev.-ref. Kirche in Silixen — Extertal

Silixen ist ein Grenzdorf; zeitweilig verlief die Grenze zwischen Lippe und Hessen mitten durch das Dorf. Die besondere Situation rührte daher, dass Silixen ursprünglich zur Grundherrschaft des Klosters Möllenbeck gehört hatte. Nach der Säkularisation des Klosterbesitzes waren die damit verbundenen Rechte 1648 auf Hessen übergegangen. Die Silixer Pfarrstelle wurde zwar von Lippe aus besetzt; das Recht zur Präsentation des zu Berufenden hatte hingegen beim Kloster gelegen und wurde nun in Kassel ausgeübt.

Auf diese Weise kam 1817 der Marburger Seminarinspektor Adam Zeiß mit Frau und sieben Kindern nach Silixen. Der begabte junge Mann trat nicht nur als langjähriger Seelsorger, sondern auch als Dichter, Komponist und Verfasser eines Lehrbuches für Elementarschüler sowie als tüchtiger Landwirt, Winzer und Metbrauer hervor. Es gibt fast nichts, das er nicht beherrschte.

Zeiß hatte jedoch praktisch keine Möglichkeit, die Pfarrstelle wieder zu verlassen. Zwar bewarb er sich in andere Gemeinden, doch wegen des damals herrschenden Überangebotes an Theologen dachte die Detmolder Kirchenbehörde nicht daran, ihn auf eine rein lippische Stelle zu berufen. Und Hessen war an seinem Verbleib in Silixen interessiert, da es besser war, wenn er die „ausländische" Pfarre innehatte und für seine Landeskirche sicherte.

1866 wurde Hessen-Kassel preußisch. Durch Verständigung mit den neuen Herren erlangte Lippe das unumschränkte Besetzungsrecht der Pfarrstelle. Bei der entsprechenden vertraglichen Einigung wurde allerdings vergessen, die Frage des Ruhegehaltes für den derzeitigen Amtsinhaber zu klären, so dass Adam Zeiß bis zu seinem Tod im Jahre 1870 Pfarrer in Silixen bleiben musste. Das neben dem Kirchturm aufgestellte Grabkreuz – die eigentliche Ruhestätte ist nicht mehr lokalisierbar – erinnert bis heute an ihn.

Infolge der Pest fiel das Kirchdorf Silixen im 14. Jahrhundert fast wüst. Die Augustinerchorherren des Klosters Möllenbeck sorgten für den Wiederaufbau und die Neurodung der bewaldeten Gebiete. Seit 1493 gibt es wieder kirchliches Leben in Silixen. Sehr wahrscheinlich im Jahre 1501 entstand der Kirchturm. Das gleichalte Kirchenschiff wurde 1802/03 durch einen Neubau ersetzt, der Chorraum stammt von 1954.

Ev.-ref. Stadtkirche in Horn

Horn-Bad Meinberg

Noch vor Gründung der Stadt Horn im Jahre 1248 existierte eine romanische Dorfkirche, deren letzter Rest im unteren Teil des heutigen Turmes sichtbar ist. Die Fehden des 15. Jahrhunderts überstand sie unbeschadet, da Horn sich – wie Lemgo – freikaufen konnte.
„Trotz Armut und landesweiter Zerstörungen wagten die Horner um 1480 die Umgestaltung und Erweiterung ihrer alten, längst zu klein gewordenen einschiffigen Kirche. Unter Verwendung des romanischen Fundaments wurden die Süd- und Nordmauern abgetragen und zu einer auf zwei starken Säulen ruhenden, fast quadratischen, gotischen Hallenkirche umgestaltet. Die beiden gleich hoch gestalteten Seitenschiffe und der erweiterte Chorraum sind das Ergebnis einer guten architektonischen Raumgestaltung" (Capelle).

Die sieben Altäre aus vorreformatorischer Zeit, die bis 1660 ihren Platz in der Kirche hatten, sind nicht erhalten geblieben. Dennoch verfügt das Gotteshaus über diverse bau- und kunstgeschichtlich wertvolle Ausstattungsstücke, insbesondere den Taufstein von 1589, den Wandleuchter bei der Kanzel von 1592, die fünf Hängeleuchter im Mittelschiff von 1708, das Epitaph für den 1561 verstorbenen Cordt von Mengersen, den Abendmahlskelch aus der Zeit um 1500 und das Chorgestühl aus dem späten 15. Jahrhundert.

Hier versammelten sich im Spätmittelalter sehr wahrscheinlich die Mitglieder der „Calandsbruderschaft", einem Zusammenschluss der in und um Horn wirkenden Geistlichen sowie – in Ausnahmefällen – wohl auch städtischer Honoratioren. Der Name rührt daher, dass sich die Teilnehmer dieser Runde an bestimmten Kalendertagen zusammenfanden. Eine größere Zahl von Priestern, Dechen und Kaplanen gab es, da auch in der Hofkapelle bei der Horner Burg sowie an den Externsteinen Gottesdienst gefeiert wurde.

Die vollendete gotische Hallenkirche erhielt acht Gewölbeschlusssteine. Neben dem Verweis auf die Territorial- bzw. geistlichen Herren von Lippe, Schwalenberg und Paderborn wird auch ein Bezug zur Stadt hergestellt. Dieser Schlussstein zeigt die Wappenfigur des städtischen Gemeinwesens: das Horn.

Ev.-ref. Kirche in Bad Meinberg — Horn-Bad Meinberg

Wenn wir vor der Bad Meinberger Kirche stehen, scheint ihre Baugeschichte auf den ersten Blick verwickelt zu sein. Bis vor rund 125 Jahren war das anders. Damals präsentierte sich dem Betrachter eine einschiffige romanische Gewölbekirche mit Westturm und viereckigem Ostchor, deren bauliche Anfänge im hohen Mittelalter zu suchen sind. Allerdings macht das Gotteshaus, in dem es „127 Manns- und 107 Frauenstühle" gab, auf alten Fotografien „einen heruntergekommenen Eindruck" (Hoburg).

Erweiterungspläne bestanden schon zu Beginn des 18. Jahrhunderts, doch scheinen sie lediglich zu kleineren Bau- und Renovierungsarbeiten geführt zu haben. Erst 1882 beschloss der Kirchenvorstand den Anbau eines Südschiffes, das neben der neuen Orgel 140 weitere Sitzplätze aufnahm.

Meinberg ist seit 1767 „Curort", und so war bald ein zusätzlicher Raumbedarf festzustellen. Nach Plänen von Prof. Haupt entstand 1928 das Nordschiff mit insgesamt 285 Sitzplätzen. Seither besitzt der Innenraum die seltene Kreuzform.

Als 1966 ein dritter Anbau nach Süden erfolgte, der noch einmal 100 Plätze brachte, stürzte in der Nacht von Gründonnerstag auf Karfreitag die Außenmauer unter der Orgelempore ein; dauerhafte Schäden traten jedoch glücklicherweise nicht ein.

Trotz aller Veränderungen hat die Bad Meinberger Kirche mit ihren nunmehr rund 750 Sitzgelegenheiten ihr romanisches Gesicht bewahrt. Ein besonderes Erlebnis ist das Betreten des wehrhaften Glockenturmes. Wer die Gelegenheit hat, über die enge Treppe nach oben zu steigen, unternimmt eine Zeitreise ins Mittelalter, wo die Anfänge von Gemeinde und Gotteshaus liegen.

Die älteste Erwähnung Meinbergs erfolgte in den „Traditiones Corbeienses", einer Quelle des Klosters Corvey bei Höxter. Es ging um die Schenkung der Güter in „Meynburghun" an das Kloster. Datiert wird dieser Vorgang etwa in das Jahr 978.

Ev.-ref. Kirchen in Leopoldstal und Veldrom — Horn-Bad Meinberg

„Wir können uns eine solch kleine Gemeinde nicht mehr leisten." Mit diesen Worten soll ein Mitglied der lippischen Kirchenleitung auf den Wunsch nach einer selbstständigen Kirchengemeinde in Leopoldstal reagiert haben. Doch die beharrlichen Gemeindeglieder des dritten Horner Pfarrbezirkes bekamen am 1. Januar 1988 ihre eigene Kirchengemeinde, wie ihnen überhaupt alle angestrebten Projekte am Ende gelungen sind.

Da war zunächst das 1955/56 errichtete Gemeindezentrum, bestehend aus Gemeindehaus und Pfarrhaus, das 1962 um einen Glockenturm ergänzt worden ist (Architekt Otto Stüker, Lage).

Es folgte die Filialkirche in Veldrom, entstanden 1964/65 (Architekt Heinz Fischer, Detmold; Abb. rechts oben und Mitte).

Schließlich gelang es sogar, die in den sechziger Jahren zwar geplante, jedoch nicht verwirklichte Leopoldstaler Kirche zu errichten. Sie entstand 1993 nach Plänen der Architekten Fritz und Dupuis aus Horn (Abb. links sowie rechts unten).

Obwohl Leopoldstal „fast ohne ‚Mitgift'" (Franzen) aus dem Verbund mit Horn entlassen worden ist und sich an den Bauten aus der Nachkriegszeit bald erhebliche Mängel bzw. Verbesserungsmöglichkeiten zeigten, haben es die rund 1500 Gemeindeglieder verstanden, zwei nicht nur zweckmäßige, sondern wirklich ansprechende Kirchen zu schaffen.

Vielleicht hängt dieses Leistungsvermögen damit zusammen, dass hier Menschen aus topografisch wahrlich nicht bevorzugten, zum Teil erst spät besiedelten Landstrichen am Werke sind, die für ihre Gotteshäuser immer wieder gern echte Opfer bringen.

Ev.-ref. Kirche in Langenholzhausen — Kalletal

Das Patronat über die Kirche zu Langenholzhausen besaßen zunächst die Ritter von Varenholz, dann die Herren von Callendorp und schließlich die Ritter de Wendt, bevor es Mitte des 16. Jahrhunderts auf die Grafen zur Lippe überging.

Bau und Ausstattung des Gotteshauses haben diese Familien – davon darf ausgegangen werden – besonders gefördert. Der romanische Turm und die Mauern des Kirchenschiffes aus der ersten Hälfte des zwölften Jahrhunderts gehen vermutlich auf die Herren von Varenholz zurück.

Die zwischen 1350 und 1370 vorgenommene Erweiterung nach Osten, insbesondere die Schaffung des gotischen Chorraumes, geschah unter den Herren von Callendorp.

Und schließlich kann die 1522 erfolgte Ablösung der flachen Holzdecke durch Gewölbe, die durch Strebepfeiler an den Außenmauern sowie Wandpfeiler im Innenraum gestützt werden, mit der Familie de Wendt in Verbindung gebracht werden.

Der 22 Meter hohe Turm trägt ein Satteldach mit dem First in Längsrichtung der Kirche. Diese Form der Bedachung, die im Mittelalter bei romanischen Gotteshäusern nicht unüblich war, ist heute einzigartig in der Lippischen Landeskirche.

Drei Epitaphien erinnern an die Familie de Wendt, besser gesagt: an die letzten Vertreter der Varenholzer Linie dieses Geschlechts. Nachdem 1535 zunächst Reineke de Wendt das Zeitliche gesegnet hatte, folgte ihm 1548 sein Sohn Simon, schließlich verstarb 1561 die Witwe und Mutter, Adelheid von Saldern. Diese überaus vermögenden Adligen hatten es verstanden, den Einfluss des lippischen Grafenhauses zurückzudrängen; nach ihrem Tod war die Landeshoheit der Lipper vollständig hergestellt. Für die Detmolder Grafen war Langenholzhausen freilich weit entfernt und nicht besonders interessant.

Wie so viele andere lippische Kirchen auch hat das Gotteshaus in Langenholzhausen sein überaus reizvolles Inneres im Laufe des 20. Jahrhunderts durch Umgestaltungen weitgehend eingebüßt, in deren Verlauf Gestühl, Emporen und dergleichen kurzerhand „entsorgt" oder bestenfalls ausgelagert wurden.

Ev.-ref. Kirche in Hohenhausen — Kalletal

Johann Konrad Stöcker trat 1680 seinen Dienst als Pfarrer der Gemeinde Hohenhausen an. Da es in der romanischen Gewölbekirche aus der Zeit um 1200 nicht genügend Sitzplätze gab, ließ er einige Holzbänke anfertigen und im Chorraum aufstellen. Dieses Vorgehen führte zu erheblicher Unruhe in der Gemeinde, wie der Geistliche 1681 zugeben musste:

„Ich habe im Anfang meiner Bedienung in hiesiger Kirchen eine große Unordnung sehen müssen, indem wegen Mangel der Plätze und Kirchenstühle der eine den andern gestoßen, von der Stätte gejagt, ja wohl unter währendem Gottesdienst mit Schlägen empfangen. Dieweil ich nun dieser Unordnung nicht habe länger zusehen können, bin ich bedacht gewesen, daß noch einige Plätze möchten gemacht werden. Am folgenden Sonntag aber haben einige Unwillige die ganze Gemeinde aufgewiegelt. Heute sind etzliche in die Kirche gefallen, haben die Bank herausgerissen und sie auf den Kirchhof gesetzt. Sie haben sich so rebellisch angezeiget, daß sie sich verlauten ließen, sie wollten dem Prediger das Seinige nicht geben, wollten sich auch nach den benachbarten Gemeinden verfügen. Ein Bauerrichter sagte, er wollte seine Leute zusammen mit sich nach Langenholzhausen führen, meine Gemeinde sollte klein genug werden."

In Zusammenhang mit diesen Vorfällen steht offenbar der Einbau einer Empore an der Südostseite des Gotteshauses im Jahre 1684; hierdurch wurden die dringend benötigten zusätzlichen Sitzgelegenheiten geschaffen (auch die Kanzel mit der Jahreszahl 1690 stammt übrigens aus Stöckers Amtszeit).

Im Laufe des 19. Jahrhunderts wurde die Kirche erneut zu eng, und so kam es 1887 zum Anbau zweier Seitenschiffe, wodurch die für Lippe ungewöhnliche Kreuzform des Innenraumes entstand.

Ev.-ref. Kirche in Lüdenhausen — Kalletal

Kirche und Pfarre zu Lüdenhausen waren ausgesprochen begütert. Nach und nach konnten 15 Höfe angekauft werden, die eine große Menge Korn als Pachtzins einbrachten. Als jedoch 1704 die rund 3000 Reichstaler Baukosten für das neue Pfarrhaus von den Schuldnern der Gemeinde aufgebracht werden sollten, „gab es Finanzierungsschwierigkeiten, da die Restanten (= ausgeliehenen Kapitalien) so schnell nicht eingetrieben werden konnten" (Stiewe). Ausweislich der Torbogeninschrift wurde der langgestreckte Wirtschaftsteil des Pfarrhauses im Jahre 1775 angebaut. Hier soll das viele Zinskorn aufbewahrt worden sein.

Es ist verständlich, dass eine materiell so gut ausgestattete Gemeinde eine große Anziehungskraft auf die anstellungsfähigen Theologen ausübte. So verwundert es nicht, dass zwischen 1674 und 1800 ausschließlich Angehörige der Pastorendynastie Hildebrandt die Lüdenhauser Pfarrstelle innehatten (wenn es gestattet ist, den Schwiegersohn Simon Christoph Capelle mitzuzählen, der allerdings auch nur vier Jahre lang amtierte).

Es wäre jedoch ungerecht, die Bedeutung der Familie Hildebrandt auf die Wahrung ihrer finanziellen Interessen zu reduzieren. Vielmehr hat sie auch in geistes- und kulturgeschichtlicher Hinsicht einige Relevanz. Das bis heute bekannteste Familienmitglied ist die 1769 im Pfarrhaus geborene Charlotte Hildebrandt, verheiratete Diede. Sie führte einen umfangreichen Briefwechsel mit Wilhelm von Humboldt. Über ihren Vater, den Lüdenhausener Pfarrer, schrieb sie: „Mein Vater, in ziemlich freier, unabhängiger Lage, indem meine Mutter dem Hause mit seltener Einsicht und Würde vorstand, ließ sich in seinen Neigungen gehen, die ihn vor allem in die Vorzeit und die Studien der Vorzeit zogen. Er lebte nur im Klassischen, war nur umgeben mit klassischen Werken."

„Eindrucksvoll ist der wehrhafte Westturm der Kirche von Lüdenhausen aus dem 12. Jh." (Großmann). Das Kirchenschiff wurde 1877/78 nach Plänen des Regierungsbaurates Overbeck errichtet.

Ev.-ref. Kirche in Talle — Kalletal

„Es scheint aus allen Umständen, das(s) vor langen Zeiten und ehe die Kirche ist erbawet, an diesen ort ein Heiligthum gewesen ist, da die einfältigen Leute im Papsthumb dem apostel Petro haben Gelt geopfert und ihn angebetet, daher diese Kirche auch Peterskirche ist genennet worden und zu dessen Ehre gebawet. Anno 1485 ist diese Kirche erbawet worden, wie an einem Pfeiler in der Kirchen und oben der thür mit schwartzen Buchstaben geschrieben stehet. Anno 1492 ist die Kirche ganz fertig gewesen, wie zu lesen ist an einem Pfeiler, welcher auswendig an der Kirchen stehet. Anno 1555 ist das Chor dabey gebawet worden, wie der (!) Datum ausweiset, welcher droben angeschrieben ist."

Mit diesen Worten leitete der zwischen 1657 und 1679 in Talle tätige Pfarrer Heinrich von Lehe (oder: van Lee) ein von ihm begonnenes Kirchenbuch ein. Wenngleich bei historischen Überlieferungen aus der Frühen Neuzeit immer Vorsicht geboten ist, was den Wahrheitsgehalt angeht, so berichtet der Geistliche doch erstaunlich genau. Das Doppelschiff wurde – so weit wir wissen – tatsächlich zwischen 1485 und 1492 errichtet, der gotische Chorraum stammt von 1555. Zu ergänzen ist, dass der Turm hochmittelalterlichen Ursprungs ist und bereits in das elfte Jahrhundert datieren könnte – jedenfalls gab es bereits viel früher ein Gotteshaus, als von Lehe annahm.

Was nun das erwähnte „Heiligthum" betrifft, so wird damit der „Petersborn" gemeint sein, eine am heutigen Dorfplatz entspringende Quelle, die in der Tat den gleichen Namen trägt wie die Peterskirche. Ob sie jedoch wirklich Ziel einer Wallfahrt war, ist ungewiss. Tatsächlich greifbar sind dagegen die 42 Grabsteine, die zwischen 1683 und 1866 auf dem Friedhof um die Kirche aufgestellt worden sind – eine Fülle, die in der Lippischen Landeskirche nur selten übertroffen wird.

Nur wenige lippische Kirchen sind so idyllisch in die Landschaft eingebettet wie die in Talle. Wer sich dem Bergdorf von Kirchheide aus nähert, hat zweifellos den schönsten Blick auf das Gotteshaus.

Ev.-ref. Kirche in Varenholz — Kalletal

Die Geschichte hat anfänglich schon etwas Märchenhaftes: Auf Schloss Varenholz, das sich im Besitz des lippischen Grafenhauses befindet, lebt der Landdrost Levin Moritz von Donop mit seiner Gemahlin Sybille Margarethe, geb. von Heiden.

Das Ehepaar ist kinderlos. So verspricht die fromme Adlige dem Kandidaten der Theologie Johann Justus Otto, der seit dem 6. August 1678 die kleine Dorfschule leitet, 3000 Reichstaler für die Errichtung einer eigenen Kirche zu spenden.

Doch Sybille Margarethe von Donop stirbt bereits am 28. Februar 1681 im Alter von nur 44 Jahren. Levin Moritz von Donop hält das Versprechen seiner verstorbenen Gemahlin tatsächlich, und schon am 23. Juli 1682 kann die Einweihung des neuen, direkt neben dem Schloss gelegenen Gotteshauses stattfinden.

Am Tag vor der Ingebrauchnahme war der Leichnam der Frau von Donop in einem Grabgewölbe in der Kirche zur letzten Ruhe gebracht worden. Diese Grabruhe endete jedoch 1816, als im Zuge umfangreicher Bauarbeiten das Grabmal des Landdrosten, der Varenholz wegen Streitigkeiten mit der Landesherrschaft später hatte verlassen müssen, und seiner Gemahlin abgetragen wurde. Lediglich die beiden monumentalen Grabplatten verblieben in der Kirche und prägen bis heute das Erscheinungsbild des Innenraumes.

Johann Justus Otto wurde ebenfalls nicht glücklich in Varenholz. Zwar übernahm er am 27. Juli 1682 die Seelsorgegeschäfte, geriet jedoch in ein Zerwürfnis mit den Dorfbewohnern und wechselte 1692 nach Meinberg.

Erst nach fünfjähriger Vakanzzeit wurde die Kirchengemeinde, deren Dörfer (Varenholz, Erder und Stemmen) zuvor nach Langenholzhausen eingepfarrt waren, rechtlich selbstständig.

Als die Varenholzer Kirche errichtet wurde, regierte Graf Simon Henrich zur Lippe das Land. Sein und seiner Gemahlin, Amalie von Dohna, Wappen nebst Initialen schmücken den älteren der beiden Eingänge.

Ev.-ref. Kirche in Stapelage — Lage

„Man darf (...) davon ausgehen, daß die Kirche zu Stapelage im ausgehenden 8. Jahrhundert, spätestens Anfang des 9. Jahrhunderts gegründet worden ist. Wahrscheinlich war es zunächst eine Holzkirche, bald danach eine Steinkirche mit schmalem Fundament, die auch ein kombinierter Fachwerkbau gewesen sein kann (...)."

Die hier zitierte, 1988 von Leopold Möller formulierte Erkenntnis ist nur diesem Mann zu verdanken, der – obwohl im Hauptberuf Leiter des landeskirchlichen Hauses Stapelage, im Ehren- bzw. Nebenamt Kirchenmusiker, Kommunalpolitiker und Standesbeamter – 1961 Ausgrabungen in der Stapelager Kirche vorgenommen hat.

Er wies nach, dass sich am Ort eines fränkischen Königshofes eine der ältesten Kirchen Lippes befand. Der um 1100 errichtete Turm ist bis heute erhalten; nicht so das gotische Kirchenschiff von 1321. Es wich der zwischen 1759 und 1761 entstandenen Barockkirche, die 1810 ein Mansardendach erhielt.

Im Inneren präsentiert sich der wuchtige Saalbau als Predigtkirche. Kanzel und Abendmahlstisch haben ihren Platz in der Mitte des Raumes an der Südwand gefunden. Die übrigen Seiten werden von einer Empore umlaufen, auf der auch die Orgel aufgestellt ist.

Aus dem fränkischen Königshof entwickelte sich ein Haupthof des 1185 gegründeten Klosters Marienfeld bei Gütersloh. Von hier aus wurden bis 1807 die umfangreichen Besitzungen der Zisterzienserabtei in Lippe verwaltet.

Die Bedeutung des Ortes dokumentiert sich auch darin, dass Graf Simon VI. zur Lippe um 1582 Regierungssitzungen in Stapelage abhielt und hier auch seine Heiratsverträge mit Gräfin Armgard von Rietberg ausgehandelt wurden (1578). Bis in die Zeit des Dreißigjährigen Krieges bildeten Pfarr- und Gutshof offenbar noch eine Einheit. Bei der Kirche lag das damals zerstörte repräsentative „Steinwerk".

Der Taufstein in der Stapelager Kirche wird in die Zeit um 1100/50 datiert und somit als der älteste erhaltene in Lippe angesehen. Eine Untersuchung des verwendeten Sandsteines hat ergeben, dass dieses Material von den Externsteinen stammt.

Ev.-ref. Marktkirche — Lage

Der Magistrat der Stadt Lage erließ am 7. Februar 1857 ein Verbot, dessen Missachtung eine Geld- oder sogar eintägige Haftstrafe zur Folge haben konnte: Fortan durften sich die Wanderziegler nicht mehr zur Gottesdienstzeit auf dem Marktplatz oder sogar auf dem Kirchhof aufhalten. Durch ihre Händel – oft sogar im betrunkenen Zustand – war es mehrfach zu Störungen gekommen. Dieser Vorfall zeigt zweierlei: Zum einen war Lage die lippische Zieglerhauptstadt, wo auf dem Marktplatz die Arbeitsverträge für die Tätigkeit auf den auswärtigen Ziegeleien geschlossen wurden. Zum anderen war die Marktkirche das Zentrum dieser Stadt, wo es leicht zu Störungen des gottesdienstlichen Geschehens kommen konnte.

Ausgrabungen haben ergeben, dass die Anfänge des Gotteshauses bereits im neunten oder zehnten Jahrhundert zu suchen sind. An der Kreuzung wichtiger Fernwege wurde direkt am Werreübergang eine Kirche errichtet, die mit an Sicherheit grenzender Wahrscheinlichkeit die Keimzelle des Ortes gewesen ist. Die verkehrsgünstige Lage – ursprünglich ausschlaggebend für die Platzierung der Kirche – entwickelte sich später, vor allem nach dem Bau der Eisenbahn, zu einem belastenden Faktor.

Heute ist der Schnittpunkt zweier Bundesstraßen zur Fußgängerzone umgewandelt. Vom Zieglerbrunnen auf dem Marktplatz blickt der Betrachter in aller Beschaulichkeit auf die 1471 vollendete spätgotische Hallenkirche mit ihrem romanischen Turm aus der zweiten Hälfte des zwölften Jahrhunderts.

Nur an Markttagen – Dienstag und Freitag – oder wenn der nostalgische Mäckelmarkt stattfindet, kann man noch ermessen, welch turbulentes Leben sich früher hier abspielte.

Das Innere der Lagenser Marktkirche wird dominiert von der mächtigen Barockorgel aus dem Jahre 1707 (das Rückpositiv datiert von 1947). Die prächtige Stiftertafel – es dauerte bis 1710, ehe sie vollendet war und im Gotteshaus aufgehängt werden konnte – bezeugt die Förderung durch den damaligen Landesherrn, Graf Friedrich Adolf zur Lippe, und seine Gemahlin, Amalie von Solms-Hohensolms.

Ev.-ref. Dorfkirche in Heiden

Nachdem er am 22. Oktober 1846 in Heiden eine Visitation abgehalten hatte, schrieb der lippische Generalsuperintendent Georg Althaus erkennbar beeindruckt, die Kirche sei „ihrer Größe und Bauart nach eine der ansehnlichsten und schönsten im Lande". So wie diesem Kirchenmann ist es Besuchern des Gotteshauses früher wie heute immer wieder ergangen. Sie waren und sind vom Umfang sowie der Ausstattung dieser Anlage sofort eingenommen.

Die Ursprünge des Gotteshauses reichen in die Zeit um die erste Jahrtausendwende zurück. Der Turm wurde um 1100 errichtet und ist der älteste erhaltene Gebäudeteil. In mehreren Bauperioden erfolgte bis zum Ende des 14. Jahrhunderts der Ausbau zur dreischiffigen gotischen Hallenkirche. Das weithin sichtbare Wahrzeichen des Kirchdorfes ist der gedrehte Turmhelm von 1594, der 1663 infolge eines Brandes erneuert werden musste.

Die Anlage entstand in ausgeprägter Spornlage weit oberhalb des Oetternbachtales, war ursprünglich rundherum von einer hohen Mauer umgeben und soll die „einzig verbürgte (...) Kirchenburg in Lippe" (Wehrmann) sein. In Krisen- und Notzeiten floh die Bevölkerung in das Innere der Kirche und verteidigte sich vom Turm aus gegen die Angreifer.

Im 17. Jahrhundert siedelten sich die „Kirchhöfner" an, die ihre Häuser im Halbkreis um die Kirche errichteten, weitgehend auf vormaligem Friedhofsgelände. Es entstanden Fachwerkbauten, die teilweise bis heute erhalten sind – so die „alte Schule" und das Küsterhaus. Erweitert wurde das Halbrund im 19. Jahrhundert durch die neue Küsterschule und die Kinderbewahranstalt. Das „Alte Pfarrhaus" (heute Gemeindezentrum) rundet die Anlage nach Osten ab.

Die Gaststätte „Alter Krug" und das frühere Vogteigebäude – beide am Marktplatz gelegen – komplettieren ein historisches Ensemble, das im hiesigen Raum einzigartig ist.

Auch das Innere der Dorfkirche Heiden wartet mit Superlativen auf: der älteste Glockenstuhl Westfalen-Lippes mit drei mittelalterlichen Glocken, ein gotisches Sakramentshäuschen, diverse spätmittelalterliche Wandmalereien, darunter ein Apostelzyklus im Chorraum und eine überlebensgroße Christophorusdarstellung, ein romanischer Taufstein (aus der Kirche in Elbrinxen) und ein steinerner Bischofskopf, von dem man annimmt, er könnte den bedeutenden Paderborner Bischof Meinwerk (1009-1036) abbilden.

Ev.-luth. Heilig-Geist-Kirche — Lage

Die Allgemeine Evangelisch-lutherische Kirchen-Zeitung meldete 1897 aus Lage: „Da der Ort Eisenbahnknotenpunkt wird und auch sonst bei etwa 5000 Einwohnern einen nicht unbedeutenden Verkehr hat, so sind dort von allen Seiten her Lutheraner zusammengekommen, deren Zahl über 300 betragen dürfte; in der nächsten Umgebung mögen außerdem 150 Glieder unserer Kirche leben. Diese alle entbehrten bisher fast jeder kirchlichen Fürsorge im Sinne des lutherischen Bekenntnisses".

Nachweislich fanden bereits seit Oktober 1895 Gottesdienste „in einem kleinen Privatraum" statt. Da die Teilnehmerzahl stieg – es waren viele Eisenbahnbauarbeiter und sonstige Bedienstete aus den preußischen Provinzen Westfalen und Hannover in Lage tätig – wurden ab Frühjahr 1896 größere Räume genutzt: zunächst das reformierte Konfirmandenhaus, dann ein privater Saal, schließlich die Marktkirche.

Parallel dazu trieb ein Kirchbauverein die Errichtung eines eigenen Gotteshauses voran. Am 30. Oktober 1898 konnte die Einweihung der Kapelle am Sedanplatz, an dem auch der Bahnhof liegt, stattfinden. Da die Lagenser Lutheraner die zur Gründung einer eigenen Kirchengemeinde nötige Seelenzahl noch nicht erreicht hatten, bildeten sie fortan eine Filialgemeinde von Detmold. Erst am 18. Juni 1946 beschloss die Lippische Landessynode die Umwandlung der Kapellengemeinde in eine selbstständige Kirchengemeinde.

Die Kapelle bestand zu diesem Zeitpunkt allerdings nicht mehr. Sie wurde während der schweren Luftangriffe auf Lage im Februar 1945 zerstört. Die Bomben forderten rund 60 Menschenleben, beschädigten nahezu jedes zweite Gebäude und machten ein Fünftel der Wohnungen unbenutzbar. Doch was die Menschen an persönlichem Leid, schlimmster Not und tiefer Verzweiflung erlitten haben, vermögen die Zahlen kaum auszusagen.

In den Jahren 1950/51 entstand anstelle der durch Bomben zerstörten Kapelle die Heilig-Geist-Kirche. Es „ist der erste Kirchenbau in Lippe nach dem Zweiten Weltkrieg. Der schlichte Raum spiegelt die wirtschaftliche Situation der Nachkriegszeit" (Schlik). Das Gotteshaus verfügt jedoch über eine Reihe von ansehnlichen Ausstattungsgegenständen. Zuletzt kam 2002 das Holzkreuz „Strahlende Liebe" hierher.

Ev.-ref. Martin-Luther-Kirche — Lage

Nachdem sich Pläne, die altehrwürdige Marktkirche zu erweitern, bereits im 19. Jahrhundert zerschlagen hatten, wurde später der Bau einer zweiten Kirche für die Stadt Lage erwogen. Das dafür bereits angesammelte Kapital verlor in der Inflation von 1923 seinen Wert. So kam es erst nach dem Ende des Zweiten Weltkrieges zur Ausführung des Vorhabens.

War ursprünglich der vormalige Kirchspielsfriedhof an der Ecke Schötmarsche Straße/Eichenallee als Standort erwogen worden, wurde schließlich ein städtischer Obstgarten auf dem Maßbruch gewählt. Hier war es zuvor zu einer regen Siedlungstätigkeit gekommen, die die Errichtung eines eigenen Gotteshauses gerechtfertigt erscheinen ließ. Bis heute handelt es sich jedoch um einen Pfarrbezirk der Marktkirchengemeinde; Pläne für eine Verselbstständigung haben sich bisher nicht realisieren lassen.

Heftig umstritten war der Name des Gotteshauses: eine reformierte „Martin-Luther-Kirche"? In der Festschrift zum 25-jährigen Bestehen lesen wir: „Hinter dem Namen steckt keine Taktik. Hier sollte schlicht auf das Gemeinsame hingewiesen werden. Luther ist auch der erste Vater der reformierten Kirche. Er hat Zwingli und Calvin wesentlich geprägt und bestimmt. Ohne ihn gäbe es auch keine reformierte Kirche."

Längst gehören die bewegten Diskussionen um die Namensgebung der Vergangenheit an, und die Bezeichnung wird allgemein akzeptiert.

Die Errichtung der Martin-Luther-Kirche auf dem Maßbruch erfolgte in zwei Schritten: Zunächst wurde 1954 ein Gemeindehaus gebaut, das anfangs neben Pfarrer- und Hausmeisterwohnung auch die Gemeindepflegestation und den Kindergarten beherbergte. 1960 wurde die eigentliche Kirche samt Turm angefügt (Architekt: Stadtbaumeister Heinrich Graf). Es handelt sich um einen schlichten reformierten Gottesdienstraum. Der Namensgeber der Kirche ist mit der von ihm ins Deutsche übersetzten Bibel auf einem großen Fenster neben der Kanzel dargestellt.

Ev.-ref. Kirche in Müssen — Lage

Müssen gehörte von altersher zur Kirchengemeinde Lage. 1962 wurde die fünfte Pfarrstelle in dieser Gemeinde gegründet, für deren Inhaber ein Pfarr- sowie ein Gemeindehaus in Müssen errichtet werden sollten. Die Einweihung durch Landessuperintendent Udo Smidt fand 1965 statt, im Jahr darauf zog der erste Pfarrstelleninhaber mit seiner Familie ein.

Das flach bedachte Gemeindehaus mit Kirchsaal und Gruppenraum genügte zunächst den Erfordernissen und Ansprüchen. Im Gemeindebrief hieß es: „Andererseits entspricht der Bau genau den Empfehlungen der Weltkirchenkonferenz 1968 in Upsala; dort wurde gesagt, daß angesichts der Not in der ‚Dritten Welt' Kirchbauten bei uns nur noch äußerst sparsam gebaut werden sollten."

1984/85 wurde aus dem Gemeindehaus doch noch eine veritable Kirche. Nach Plänen des Müssener Architekten Herbert Schneider entstand ein Raum, in dem die warmen Töne und Materialien dominieren: „Viel Holz, Ziegelsteine, wie sie in dieser Gegend üblich sind. Im Gottesdienst trifft sich die Gemeinschaft der Gemeinde, deswegen sitzen wir in einem Halbrund, so daß wir einander sehen können. Wir wollen zur Ruhe kommen und uns auf Gottes Wort konzentrieren, deswegen gibt die Kirche nur an wenigen Stellen den Blick nach draußen frei. Es gibt keine heiligen Bezirke in der Kirche, darum stört es auch nicht, daß ein kleiner Gruppenraum in die Kirche hineingebaut ist" (Grunau).

Nahezu einer Odyssee entspricht der weitere Weg der Müssener Christen. Zum 1. Januar 1987 schieden sie aus der Gemeinde Lage aus und wurden Teil der Kirchengemeinde Kachtenhausen-Müssen. Zwischen dem 1. Januar 1992 und dem 31. Dezember 2001 bestand die selbstständige Kirchengemeinde Müssen, seither gibt es eine gemeinsame Kirchengemeinde Stapelage-Müssen.

Die Müssener Kirche besteht noch nicht einmal zwei Jahrzehnte lang, wurde in dieser Zeit aber bereits zum dritten Mal „umgepfarrt".

Ev.-ref. Johanneskirche in Kachtenhausen — Lage

Ähnlich bewegt wie in Müssen verlief die kirchliche Entwicklung auch in Kachtenhausen. Ursprünglich wurde der Gottesdienst in der Kirche zu Oerlinghausen besucht, mit Gründung der Kirchengemeinde Helpup verkürzte sich der Kirchweg entsprechend. Eine Verbesserung ergab sich zweifellos durch die Schaffung der zweiten Helpuper Pfarrstelle im April 1961, deren Inhaber u.a. für Kachtenhausen und Wellentrup zuständig war. Pastor Siegmund Meier wollte gern in seinem Pfarrbezirk wohnen und setzte sich für die Errichtung eines neuen Gemeindezentrums in Kachtenhausen ein.

Es dauerte jedoch noch einige Jahre, bis das Ziel erreicht war: „Seit 1970 das Gemeindezentrum Kachtenhausen in Dienst genommen wurde, hat sich dort ein eigenes Gemeindebewußtsein entwickelt. Wesentlichen Anteil daran trugen die beiden Pfarrer, die dort zusammenarbeiteten: Pastor Martin Meierkord, der mit großem Engagement Leben in das zunächst ‚Bunker' genannte Haus brachte, und Pastor Hans-Jürgen Meier, der auch die Ohrser hier zu beheimaten verstand. Mit ihren Fahrrädern waren beide fast täglich zu Besuch in den beiden Ortsteilen unterwegs" (R. Uthoff).

Folgerichtig gehörte zu der 1987 gegründeten Kirchengemeinde Kachtenhausen-Müssen neben Kachtenhausen (mit Wellentrup) und Müssen auch Ohrsen. Nach der Trennung in zwei selbstständige Kirchengemeinden zum 1. Januar 1992 verblieb Ohrsen bei Kachtenhausen.

In einer beispiellosen Aktion gelang der jungen und überaus aktiven Gemeinde zwischen dem 12. Juni 1995 (Grundsteinlegung) und dem 7. Januar 1996 (Einweihung) die Realisierung ihres Kirchenbaus. Der achteckige Gottesdienstraum ist an das vorhandene Gemeindehaus angefügt worden. Es fehlt an nichts: Die Johanneskirche besitzt sogar einen Hahn, der den kleinen, aber schmucken und proportional gelungenen Turm bekrönt.

In der Kirchengemeinde Kachtenhausen wird Humor großgeschrieben. Das merkte man spätestens bei der Einweihung der Johanneskirche. Der Vorsitzende des Turn- und Sportvereins meinte zur kurzen Bauzeit von kaum mehr als einem halben Jahr: „Doch dann (...) ging es ‚Ruck zuck', wie üblich in Kachtenhausen". Und der zuständige Superintendent stellte sein Grußwort sogar unter das Thema „Vom Bunker zur Kathedrale!"

Ev.-ref. Kirche St. Johann — Lemgo

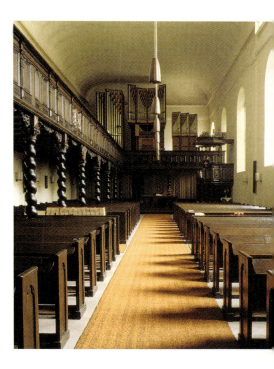

Im ausgehenden zwölften Jahrhundert wurde die Lemgoer Altstadt gegründet. Die Urkirche St. Johann blieb dabei vor den Mauern („ante muros"), wurde aber weiterhin genutzt – als Gotteshaus des westlichsten Teiles der Altstadt sowie der Landbevölkerung. Erst im Dreißigjährigen Krieg hörte sie auf zu bestehen. Kaiserliche Truppen hielten Lemgo besetzt und wollten den feindlichen Schweden keinen Stützpunkt in unmittelbarer Nähe der Stadtmauern überlassen. So wurde die Kirche zerstört; nur der Turm blieb stehen. Er beherbergt die aus dem Jahr 1398 stammende und damit älteste datierte Glocke in Lippe und ist von rund 100 (!) alten Grabsteinen umgeben.

Die Gottesdienste der Gemeinde St. Johann finden seit 1638 in der ehemaligen Klosterkirche der Franziskaner-Observanten, der sog. Brüderkirche, an der Mittelstraße statt. Als die Mönche ihren Glauben nicht mehr hatten behaupten können, waren sie 1560/61 zu ihren Ordensbrüdern nach Bielefeld geflohen, der lippische Landesherr hatte das Kloster eingezogen.

Der schlichte spätgotische Bau stammt vermutlich aus der zweiten Hälfte des 15. Jahrhunderts und wurde 1799 im klassizistischen Stil umgebaut. Die Fenster erhielten als oberen Abschluss Rundbögen. Außerdem wurde ein Walmdach mit Dachreiter und Zwiebelspitze aufgesetzt.

„Im 16. und 17. Jahrhundert geriet die Gemeinde in die Wirren von Reformation und Gegenreformation sowie bei der Einführung des reformierten Bekenntnisses durch den damaligen Landesherrn Simon VI. zur Lippe" (Rhiemeier). St. Johann traf es insoweit besonders hart, als die Stadt Lemgo im Röhrentruper Rezess von 1617 die Beibehaltung des lutherischen Bekenntnisses durchsetzen konnte. Mit dem St. Johann-Pfarrer gab es jedoch auch einen reformierten Geistlichen in der Stadt, was natürlich zu Schwierigkeiten führte.

Von den drei Kirchengemeinden mittelalterlichen Ursprungs in der Kernstadt Lemgos verfügt St. Johann über das jüngste Gotteshaus. Sie ist jedoch die bei weitem älteste Gemeinde; St. Nicolai und St. Marien waren ursprünglich sogar nur Filialen der Urkirche.

Ev.-luth. Kirche St. Nicolai — Lemgo

Das Wahrzeichen der Alten Hansestadt Lemgo ist ohne Zweifel die Doppelturmanlage von St. Nicolai. Ihre Entstehung geht auf die zwischen 1210/15 und 1250 errichtete Pfarrkirche der Lemgoer Altstadt, eine dreischiffige Basilika, zurück. Über ihr besonderes Aussehen verfügt die Anlage freilich erst seit wenigen hundert Jahren: Der nördliche Turm – wohl seit altersher im Besitz der Stadt und bis 1854 Dienstort eines Turmwächters – erhielt 1569 seine „welsche Haube", während der kirchliche Glockenturm im Süden 1663 einen gedrehten Spitzhelm aufgesetzt bekam.

Bereits seit dem ausgehenden 13. Jahrundert, also nur kurz nach ihrer Fertigstellung, erfolgte der Umbau der spätromanischen Gewölbekirche zu einer gotischen Hallenkirche. Bis etwa 1375 wurden auch ein neuer Hauptchor sowie ein Nord- und ein Südchor errichtet. Diese umfangreichen Baumaßnahmen erklären sich insbesondere durch „die Konkurrenz zum 1288 begonnenen Kirchenbau von St. Marien in der Neustadt" (Korn).

In der Kirche der gut betuchten Bürger des spätmittelalterlichen und frühneuzeitlichen Lemgo sind viele bau- und kunstgeschichtlich wertvolle Gegenstände erhalten geblieben, so – um nur die hervorragendsten Beispiele zu nennen – das spätgotische Sakramentshaus von 1477; aus der Epoche der Renaissance eine Taufanlage mit umlaufendem Brüstungsgitter (1597), das Epitaph für Franz von Kerßenbrock (1578), die reich verzierte Kanzel (um 1600) und die Gedenktafel für Moritz von Donop (1587); schließlich der frühbarocke Hochaltar (1643) sowie das hölzerne Kerßenbrock-Donop-Epitaph von 1618.

Erst 1999 kam der Gedenkstein für Pfarrer Andreas Koch in die Kirche, der 333 Jahre zuvor als „Hexenmeister" enthauptet wurde – eine Erinnerung an das unrühmlichste Kapitel der Stadtgeschichte.

Im Südchor des Gotteshauses haben sich besonders schöne frühgotische Apostelbilder sowie eine Taufanlage und das Epitaph für Franz von Kerßenbrock aus dem ausgehenden 16. Jahrhundert erhalten.

Ev.-luth. Kirche St. Marien — Lemgo

Im September des Jahres 1306 zogen 40 Nonnen von Lahde bei Minden nach Lemgo. Hier wurden die Dominikanerinnen vom Edelherrn Simon I. zur Lippe, seiner Familie, der Ritterschaft des Landes und den Bürgern der Stadt begrüßt. Es handelte sich um den Gründungskonvent des Klosters St. Marien, das 1538 im Zuge der Reformation in ein evangelisches Jungfrauenkloster und 1713 in ein bis heute bestehendes weltliches Damenstift umgewandelt worden ist.

Als die Nonnen in Lemgo einzogen, befand sich die Kirche der 1283 privilegierten – und später mit der Altstadt vereinigten – Neustadt gerade im Bau. Bis 1375 entstand eine dreischiffige gotische Hallenkirche mit vier Jochen und einem – durchaus ungewöhnlich – Ostturm. Ursprünglich war ein Westturm vorgesehen, wegen des unsicheren Baugrundes wurde jedoch schließlich an der gegenüberliegenden Seite ein 53 Meter hoher Turm ausgeführt.

Im 19. und 20. Jahrhundert wurden wiederholt umfangreiche Sicherungsmaßnahmen notwendig, um das in einer Beganiederung mit schlechtem Baugrund errichtete Gotteshaus vor Einsturzgefahr oder sonstigen Schäden zu schützen.

Der enorme Einsatz wird fraglos durch die Bedeutung und Schönheit der Kirche sowie ihre prachtvolle Ausstattung gerechtfertigt. So beherbergt sie beispielsweise mit den um 1380 entstandenen Grabfiguren des Edelherrn Otto und seiner Gemahlin Ermgard von der Mark die älteste bildliche Darstellung eines lippischen Regentenpaares. Wie in St. Nicolai gibt es eine ganze Reihe kunstgeschichtlich wertvoller Gegenstände: Sakramentshäuschen und Kruzifix aus dem ausgehenden 15. Jahrhundert, Taufanlage und Schwalbennestorgel aus der Renaissance, die Kanzel aus dem Dreißigjährigen Krieg. Die Empore erinnert an die Zeit der Stiftsdamen, die vor fast 700 Jahren mit der Gründung des Klosters ihren Anfang nahm.

Die Marienkirche ist für die Qualität ihrer kirchenmusikalischen Arbeit überregional bekannt. Die Schwalbennestorgel aus der Renaissancezeit zeichnet sich durch ihren „großartigen Prospekt und Klang" aus (Wolfg. Schmidt).

Ev.-ref. Kirche St. Pauli — Lemgo

Die Erweckungsbewegung breitete sich in der ersten Hälfte des 19. Jahrunderts von Minden-Ravensberg kommend auch in das südöstlich angrenzende Fürstentum Lippe aus, wo sie vor allem in der stärker dörflich und agrarisch geprägten Region nördlich von Lemgo viele Anhänger fand. Da ab 1847 an den Lemgoer Kirchen ausschließlich Rationalisten tätig waren, kam es zu heftigen Auseinandersetzungen, die 1849 in der Gründung der „Neuen Evangelischen Gemeinde", einer Abspaltung von St. Marien, gipfelten.

Zunächst in einer von Gemeindegliedern selbst errichteten „Bretterkirche" untergebracht, erhielt die Gemeinde 1851/52 ein steinernes Gotteshaus an der Echternstraße. Die Neue Evangelische Gemeinde wurde im Mai 1858 aufgelöst, nachdem im gleichen Jahr wieder ein der Erweckungsbewegung nahe stehender Geistlicher an die Marienkirche berufen worden war.

Erst drei Jahrzehnte später erwarb die Gemeinde St. Johann den Bau. 1902 wurde eine zweite Pfarrstelle gegründet, aus der 1909 die selbstständige Kirchengemeinde St. Pauli hervorging.

Auf die Errichtung eines Turmes musste die neue Gemeinde bis 1953/54 warten; dann allerdings wurde eine markante Doppelturmanlage geschaffen.

Leider hat der Innenraum aus der Mitte des 19. Jahrhunderts nicht sein ursprüngliches Aussehen bewahren können, da nach einem Brand im Jahre 1955 eine grundlegende Renovierung erforderlich geworden ist.

Eine im Vergleich zu den anderen Lemgoer Stadtkirchen bis heute feststellbare besondere Frömmigkeitsausrichtung verweist jedoch auf die neupietistischen Wurzeln der St. Pauli-Gemeinde.

Obwohl sie die jüngste Gemeinde in der Lemgoer Kernstadt ist, hat St. Pauli bereits eine überaus bewegte Geschichte hinter sich.

Ev.-ref. Auferstehungskirche in Lüerdissen — Lemgo

Lüerdissen, Luhe und Luherheide, drei Dörfer bzw. Siedlungen nördlich der Stadt Lemgo, sollten ein eigenes Gotteshaus erhalten – das war der Wunsch der zuständigen Kirchengemeinde St. Pauli zu Beginn der 1960er Jahre. Ehe dieser Wunsch Wirklichkeit werden konnte, waren mancherlei Hindernisse zu überwinden.
Als endlich ein geeigneter Bauplatz – auf einer Anhöhe zwischen dem alten Dorf Lüerdissen und der modernen Siedlung Luherheide – gefunden war, gab es zunächst Probleme mit der Forstverwaltung, dann mit dem Landesstraßenbauamt und schließlich mit der Bezirksregierung.
Beharrlichkeit der Verantwortlichen im Kirchenvorstand führte dazu, dass der Traum 1965/66 Wirklichkeit werden konnte. Den Gemeindegliedern war in der Tat nicht länger zuzumuten, ihre Gottesdienste und Frauenstunden in den engen Bänken des Lüerdisser Schulraumes und ihre Bibelstunden in den Privatwohnungen von Kirchenältesten abzuhalten.
Voller Stolz nahmen die Beteiligten am 15. Mai 1966 ihr neues Gotteshaus in Besitz. Die ursprünglich beabsichtigte Gründung einer eigenen Kirchengemeinde – samt Errichtung eines Pfarrhauses und Kindergartens – ist wegen der zurückgegangenen Siedlungstätigkeit nicht Wirklichkeit geworden; bis heute gehört die Auferstehungskirche zur Gemeinde St. Pauli.
Nicht nur das Erscheinungsbild des Gotteshauses ist modern, sondern es war auch der Brauch, die lutherische Gemeinde St. Nicolai – und anfangs auch die Anstalt Eben-Ezer – regelmäßig Gottesdienste in dieser reformierten Kirche halten zu lassen. Was zunächst Irritationen auslöste, muss in einer Stadt wie Lemgo, die über Jahrhunderte den Streit zwischen Lutheranern und Reformierten erleben musste, als wirklicher Fortschritt empfunden werden.

Der Lemgoer Architekt Fritz Pehle, übrigens ein Gemeindeglied, schrieb 1991: „Vor 27 Jahren beauftragte mich die Kirchengemeinde St. Pauli, in Lüerdissen eine Kirche zu planen. Für einen Architekten ist der Bau einer Kirche keine alltägliche Aufgabe, sondern immer eine besondere Herausforderung."

Ev.-ref. Kirche in Brake — Lemgo

„Unser Leichnam soll hier in der Dorfkirche in ein Gewölb gesetzet werden (...) und daferne jemand dawider handelt, soll er seiner Erbschaft verlustig sein." Mit diesen Worten bestimmte Graf Otto zur Lippe-Brake am 9. Dezember 1657 eine schlichte Dorfkirche zu einer Grablege des Hauses Lippe – denn natürlich wollte keiner seiner Angehörigen die Enterbung riskieren.

Die Zeit der Braker Grafen – diese Nebenlinie existierte rund ein Jahrhundert lang und starb 1709 im Mannesstamm aus – stellt in der Geschichte des Dorfes vor den Toren der Alten Hansestadt Lemgo die wohl glanzvollste Epoche dar. Die Ursprünge von Ort und Gotteshaus reichen dagegen weit ins Mittelalter zurück.

Der Bau ist vermutlich um 1200 als Dorfkirche im romanischen Stil entstanden. Die Kirche war der Mittelpunkt des damals noch kleinen Ortes. Es handelte sich um eine einschiffige zweijochige Anlage mit gleich breitem Westturm, an die 1660 ein Nordschiff und 1896 ein Südschiff angebaut wurden. Auf diese Weise entstand das bis heute charakteristische Äußere des Gotteshauses.

Im Inneren dominieren die beiden Epitaphien für zwei Braker Grafen. Während der 1709 verstorbene Graf Ludwig Ferdinand tatsächlich hier beigesetzt worden ist, handelt es sich bei dem Denkmal für Graf August nur um einen Erinnerungsstein. Denn der Deutschordensritter mit Sitz in Marburg hatte testamentarisch verfügt, „daß mein Leib ohne übriges Gepränge entweder zu Marburg in der S. Elisabethkirche oder Ordenskirche, oder zu Brake in dem väterlichen Begräbnis, wo wir zur Zeit unsres Ablebens am nächsten seyn werden, und zwar des Abends beigesetzet werde".

Da der als Kriegsmann tätige lippische Graf am 19. Juni 1701 in Neuwied – also näher an Marburg – verstarb, wurde er in der Elisabethkirche zur letzten Ruhe gebracht. Weil aber in seinem Testament zwei Epitaphien vorgesehen waren, kam auch Brake zum Zuge.

Eine Dorfkirche mit gleich zwei mächtigen und prachtvollen Epitaphien – noch dazu des lippischen Grafenhauses – findet sich nur in Brake. Graf August ließ sich hier nach seinem Tod (1701) diesen Gedenkstein setzen, obwohl er in der Marburger Elisabethkirche beigesetzt worden ist.

Ev.-ref. Kirche in Lieme — Lemgo

Wer die stattlichen Hofanlagen in und um Lieme betrachtet und um die gute Bodenbeschaffenheit weiß, kann sich nur wundern, dass die Geistlichen des Ortes in früherer Zeit unter materiellem Mangel zu leiden hatten. Der Liemer Pfarrer verdiente um 1780 etwa so viel wie sein Kollege im armen Sennedorf Haustenbeck; ihr Gehalt entsprach dem eines Kammerschreibers im weltlichen Bereich.

Diese Tatsache lässt sich vor allem mit der späten Gründung der Kirchengemeinde Lieme im Jahre 1726 erklären. Zuvor gehörten die Dorfbewohner zur Gemeinde St. Johann in Lemgo, die wiederum seit dem 15. Jahrhundert eine Kapelle in dem Dorf unterhielt. Bereits 1698 hatten die Liemer versucht, eine eigene Kirchengemeinde zu erhalten, waren damals aber auf energischen Widerstand bei den in St. Johann Verantwortlichen gestoßen.

Besonders schlecht erging es Dr. Friedrich Pustkuchen, Ortsgeistlicher zwischen 1820 und 1826. Als er das Amt antrat, war ihm nicht bekannt, „daß sein Vorgänger Reuter die Stelle wegen ihrer unzureichenden Dotierung aufgegeben hatte" (Starke).

Der überaus begabte Kopf verstand es bald, sich in- und außerhalb seiner Gemeinde Feinde zu machen. Schließlich geriet er in einen komplizierten Rechtsstreit mit seinem Lagenser Amtsbruder Christian Friedrich Melm. Dass er daneben mindestens ein bis zwei theologische, pädagogische oder schöngeistige Bücher jährlich veröffentlichte, ist erstaunlich. Seine unautorisierte Fortsetzung von „Wilhelm Meisters Lehrjahren" erzürnte den Dichterfürsten Goethe.

Trotz einer Gehaltsverbesserung verließ Dr. Pustkuchen Silvester 1826 das Land – die genauen Umstände sind bis heute ungeklärt – und lebte fortan als freier Schriftsteller in Herford und später Wesel. Zwischen 1831 und 1834 wirkte er als Pfarrer und Arzt segensreich im saarländischen Wiebelskirchen. Mit nur 44 Jahren starb er.

Das heutige Gotteshaus der Kirchengemeinde Lieme wurde zwischen 1923 und 1925 nach Plänen des Schötmaraner Architekten Fritz Brüning errichtet. Zwar gelang es, die Baumaßnahme in Zeiten von Inflation und Geldknappheit zu realisieren. Doch Einvernehmen herrschte über die Ausführung nicht; einigen Gemeindegliedern war der schlichte Bau zu nüchtern.

Ev.-ref. Kirche in Voßheide — Lemgo

Die mit 65 Jahren vergleichsweise kurze Geschichte der Kirchengemeinde Voßheide liest sich in weiten Teilen wie ein Spiegelbild der Kriegs- und Nachkriegsgeschichte. Um sie zu verstehen, muss man jedoch noch ein wenig weiter zurückblicken.

Am 1. Januar 1922 entstand aus den vormals selbstständigen Bauerschaften Lütte, Kluckhoff und Hasebeck die Gemeinde Voßheide. Die Namensgebung war das Ergebnis eines Kompromisses, denn die angedachte Verwendung einer der drei bisher üblichen Bezeichnungen stieß bei den jeweils anderen Partnern auf Ablehnung.

Auch die kirchliche Zugehörigkeit war unterschiedlich, denn Teile der neuen Gemeinde waren nach Brake eingepfarrt, andere gehörten zur Gemeinde St. Pauli in Lemgo.

Allen Dorfbewohnern gemeinsam war der weite Kirchweg, so dass Bestrebungen aufkamen, hier zu einer Verbesserung zu kommen. Die Errichtung eines Vereinshauses des Christlichen Gemeinschaftsvereins im Jahre 1927 stellte einen ersten Schritt dar. Tatsächlich gelang sogar die Gründung einer eigenen Kirchengemeinde zum 1. April 1939, doch der Zweite Weltkrieg ließ die Entwicklung ins Stocken geraten. So heißt es in einem Schreiben des Kirchenvorstandes vom September 1948: „Die Kirchengemeinde Voßheide, die im Jahre 1939 gegründet und nur wenige Monate durch den ordnungsmäßig berufenen Pastor Hesemann versorgt worden ist, ist seit 8 Jahren nur durch dauernd wechselnde Vertreter bedient."

Erst im Herbst 1952 konnte die Pfarrstelle dauerhaft besetzt werden. Das Verdienst des damals gewählten Pfarrers Dr. Wilhelm Neuser jun. besteht darin, „daß bereits im folgenden Jahr mit dem Bau der lange geplanten Kirche begonnen werden konnte (...). Neben der Finanzierung war im Anfang das schwerwiegendste Problem der Baustil, die richtige Form und Gestaltung der Kirche zu finden" (F. Habericht).

Die 1953/54 nach einem Entwurf des Wuppertaler Architekten Schneider entstandene Kirche hat eine lange Vorgeschichte. Nicht nur die reine Planungsphase war schwierig. Auch beim Bau ergaben sich Probleme, da bei der Ausschachtung Fließsand festgestellt wurde, der eine Pfahlgründung des Baues erforderlich machte. Das Ergebnis, vor allem die Kombination von weiß verputzten Mauern mit einer Bruchsteinwand, ist sehenswert.

Ev.-luth. Kirche Eben-Ezer — Lemgo

Am 1. Mai 1862 nahm der junge Lehrer Simon August Topehlen, Leiter der Privatschule der Neuen Evangelischen Gemeinde, die Epileptikerin Henriette Ludolf auf. Auf dieses Ereignis führt die Stiftung Eben-Ezer, eine diakonische Einrichtung für Menschen mit geistiger Behinderung, ihre Gründung zurück.

In den Jahren 1910/11 wurde bei den Anstaltsgebäuden an der Lageschen Straße eine Kapelle errichtet. Einen eigenen Anstaltspfarrer gibt es seit 1956. Erst 1997 erfolgte die Anerkennung als rechtlich selbstständige Kirchengemeinde, die der Lutherischen Klasse zugeordnet ist.

Zwischen 1989 und 1992 erhielt das auf der Luherheide gelegene Neu-Eben-Ezer ein eigenes geistliches Zentrum. Nach Plänen des Architekten Lothar Kallmeyer aus Münster wurde ein in weiten Teilen aus Holz bestehendes Gotteshaus mit 450 Plätzen realisiert.

In ihrer Diplomarbeit über Kirchenbau in Lippe zwischen 1945 und 2001 urteilt Natalie Schlik: „Der räumlichen Qualität entspricht die wohlproportionierte Gebäudeplastik. Gute Detaillösungen und der sorgfältig gestaltete Übergang von Gebäude und Freiraum sind beeindruckend."

In der Wettbewerbsausschreibung für den Bau der Kirche hieß es: „Nach evangelischem Verständnis ist der Kirchenraum kein Raum besonderer Heiligkeit. Er erhält aber durch das besondere Geschehen der Verkündigung des Wortes Gottes und der damit verbundenen Feier der Sakramente seine besondere Würde und Prägung."

Ev.-ref. Kirche — Leopoldshöhe

Lange hatten sich die Menschen im lippischen Westen für die Errichtung eines eigenen Gotteshauses einsetzen müssen. Die Kirchwege nach Oerlinghausen und Schötmar waren weit; in der Eingabe eines Lehrers an das Konsistorium von 1835 heißt es: „Es wird unserer hohen Behörde wohl nicht ganz unbekannt seyn, daß die Leute unserer Gegend 4 Stunden zu machen haben und fast einen ganzen Tag – von 8 bis 3 Uhr – vom Hause abwesend seyn und kleine Kinder, Haus und Vieh fast aufs Spiel setzen müssen, um einen Kirchgang zu halten."

Es verstrichen weitere 13 Jahre, ehe eine Baukommission gegründet wurde, die zwischen der Grundsteinlegung am 20. Mai 1850 und der Einweihung am 12. Oktober 1851 die Errichtung von Kirche und Pfarrhaus realisierte. Der Landesherr gab dem Platz 1850 den Namen Leopoldshöhe – zur Erinnerung an seinen fürstlichen Vater.

Anfangs standen die beiden kirchlichen Gebäude „nahezu verlassen auf einer Wiese. Nur rechts und links vom Gotteshaus wurden zwei Geschäfte errichtet" (Bruelheide/Meier zu Döldissen). Im Laufe der Jahrzehnte jedoch entwickelte sich um diesen Kern ein geschäftiges Dorf, das heute Zentrum einer Großgemeinde mit mehr als 17 000 Einwohnern ist.

Längst steht in Sichtweite eine moderne katholische Kirche, und auch freikirchliche Einrichtungen sucht man nicht vergebens. Aber das Gotteshaus am Marktplatz darf für sich in Anspruch nehmen, die Keimzelle des Ganzen zu sein, ohne die es den Ort vielleicht gar nicht geben würde.

Kirche und Pfarrhaus in Leopoldshöhe gehen auf Pläne des bekannten Baumeisters Ferdinand Ludwig August Merckel zurück. „Der stattliche Bau wurde zum Vorbild für eine ganze Reihe lippischer Kirchen, die der Architekt in der Folgezeit ausgeführt hat: Bega (1863), Almena (1865), Augustdorf (1875/76) und schließlich Schlangen (1877/78)" (Kluge).

In der Kirche sind mittlerweile rund fünf Generationen von Bewohnern des Dorfes und der umliegenden Ortsteile getauft, konfirmiert, getraut und betrauert worden. Gerade, dass hier regelmäßig Trauergottesdienste stattfinden, ist in Lippe eine Besonderheit.

Ev.-ref. Kirche in Asemissen-Bechterdissen — Leopoldshöhe

Zwischen den alten Bauerndörfern Asemissen, Bechterdissen und Greste lag die Pansheide, ein riesiges Gebiet mit Wald, Weiden und Gewässern, das die jeweiligen Dorfbewohner gemeinsam nutzten. Zwischen 1806 und 1812 wurde es in langwierigen Auseinandersetzungen zwischen den Nutzungsberechtigten aufgeteilt. In der Zeit danach erfolgte die Besiedlung – zunächst vereinzelt, später planmäßig. Kirchlich gehörte dieser Bereich traditionell zur Gemeinde Oerlinghausen.

„Pastor Wiese, der 1947 Pfarrer in Oerlinghausen für dieses Gebiet wurde, schreibt, daß es damals in den Orten Asemissen, Bechterdissen, Greste weder ein Gemeindezentrum noch einen Gemeindekern gab. Nur einige treue Männer und Frauen ließen sich den weiten Weg hinauf nach Oerlinghausen nicht verdrießen" (Unsere Kirche). Daher äußerte der Theologe den Wunsch, in seinem Pfarrbezirk im wörtlichen Sinne Fuß zu fassen.

So enstand 1953 ein Pfarrhaus, im Jahr darauf ein Gemeindehaus mit Saal. Auf die Errichtung einer eigenen Kirche musste man jedoch bis 1965 warten, als in dem von Prof. Brandi aus Göttingen entworfenen achteckigen Bau erstmals Gottesdienst gehalten werden konnte. Allerdings war bereits 1961 mit dem Bau des Glockenturmes ein Anfang gemacht worden.

Die 1953 verselbstständigte Kirchengemeinde verfügt infolge anhaltenden Bevölkerungswachstums mittlerweile über zwei Pfarrstellen und knapp 3500 Gemeindeglieder. Längst sind die Grenzen zwischen den drei ehemals getrennten Dörfern verwischt. Das umfangreiche Siedlungsgebiet, in dem – für einen Landbezirk ungewöhnlich – auch eine katholische, eine mennonitische und eine neuapostolische Gemeinde beheimatet sind, lässt es als kaum vorstellbar erscheinen, dass sich hier dereinst die große Pansheide erstreckte.

Die aus der traditionsreichen Orgelbauwerkstatt Hammer bei Hannover stammende Orgel konnte nach siebenwöchigem (!) Einbau erst im Juli 1969 in Gebrauch genommen werden. Bekannt wurde das Instrument dadurch, dass es bis 1995 von Eierpappen eingerahmt wurde, die der besseren Akustik dienten.

Ev.-ref. Kirche in Elbrinxen — Lügde

Wer heute vor der romanischen Dorfkirche in Elbrinxen steht und ihren mächtigen Westturm mit den original erhaltenen Schallfenstern samt Teilungssäulen bewundert oder im Inneren über die Intimität des kleinen Raumes mit seiner flachen Holzdecke staunt, der wird sich nicht vorstellen können, welch bewegte Geschichte hinter diesem Gotteshaus liegt.

Zwar existiert aus früher Zeit keine schriftliche Überlieferung, aufgrund der baulichen Besonderheiten kann jedoch zweifelsfrei von einer Entstehung im Hochmittelalter ausgegangen werden. Die Kirche hat sich in den letzten acht Jahrhunderten kaum verändert.

Sehr wahrscheinlich in der Soester Fehde (1447) wurde das Dorf Elmerinchusen, so der ursprüngliche Name, zerstört und von seinen Bewohnern verlassen. Das Gotteshaus blieb erhalten – wenn es vielleicht auch beschädigt war. Einiges spricht dafür, dass ein Klausner die Kirche beaufsichtigte. Jedenfalls setzte um 1515 die Wiederbesiedlung des Dorfes ein; ab 1519 ist ein Pfarrer nachgewiesen.

Die Elbrinxer Ortsgeistlichen hatten es in der Vergangenheit oft nicht leicht. Da war zum einen die Grenzlage zum „katholischen Ausland", womit Lügde gemeint war, und die damit zusammenhängenden Versuche der Gegenreformation. Zum anderen existierte über lange Zeit nicht einmal ein eigenes Pfarrhaus und war die Einnahmesituation der Geistlichen eher dürftig, was die Theologen auch in materielle Schwierigkeiten brachte.

Dem Mangel an weltlichen Gütern und vielleicht auch der mühevoll errungenen Heimat sowie dem ebenso schwer verteidigten Bekenntnisstand ist es wohl zu verdanken, dass die Elbrinxer ihr Gotteshaus im traditionellen Zustand bewahrten. Auf diese Weise ist ein romanisches Kleinod erhalten geblieben.

Die prachtvolle Elbrinxer Kanzel (1562) stammt – ebenso wie die Empore (1620) – aus dem Zeitalter der Renaissance (= Wiedergeburt). Kurz zuvor hatte das kleine Dorf selbst eine Wiedergeburt erlebt, als nach 70-jähriger Wüstungszeit eine neue Siedlungstätigkeit begann.

Ev.-ref. Klosterkirche in Falkenhagen — Lügde

In Falkenhagen ist eine spätmittelalterliche Klosteranlage nahezu geschlossen erhalten geblieben. Sie dokumentiert das Bemühen von nicht weniger als vier Ordensgemeinschaften, im rauen lippischen Südosten Fuß zu fassen.

Die Anfänge klösterlilchen Lebens liegen im Jahre 1247. Zu diesem Zeitpunkt wurde das 1231 und 1246 bezeugte Kloster „Burghagen" hierher verlegt. Es handelte sich vermutlich um eine 1228 erfolgte Gründung der Grafen von Schwalenberg, die der Sühne von Übergriffen gegen den Bischof von Paderborn dienen sollte. Nachdem die Zisterzienserinnen während der Eversteiner Fehde 1407 in das benachbarte Kloster Brenkhausen geflohen waren, lag Falkenhagen – von einem kurzen Gastspiel der Wilhelmiten aus Witzenhausen abgesehen – mehrere Jahrzehnte wüst.

Bei dem dritten Orden, der sich in Falkenhagen niederließ, handelte es sich um die Kreuzherren. Das Kloster nahm unter ihrer Regie eine ausgesprochen positive Entwicklung. Falkenhagen hatte zeitweilig die Stellung des „größten und reichsten Konvent(es) des ganzen Ordens" inne (Wehlt). Der rasche Wiederaufbau der Klosterkirche nach der Feuerkatastrophe von 1479 und die sich anschließende vollständige Erneuerung und Vergrößerung des Wirtschaftshofes spiegeln die ausgezeichnete materielle Situation.

Die bewegteste Periode der Falkenhagener Geschichte waren die Jahrzehnte zwischen der Einführung der Reformation und dem Teilungsvertrag von 1596. In ihm vereinbarten Lippe und Paderborn die Aufhebung des Klosters und die Teilung des Besitzes. Die nördliche Hälfte mit Kirche und Klostergebäuden fiel Lippe zu, der Wirtschaftshof Paderborn. Der Bischof übergab seinen Anteil 1604 dem Jesuitenorden, dem die Gegenreformation jedoch nicht gelang. Heute besteht eine gute Zusammenarbeit mit der katholischen Gemeinde.

„Der Fünfachtel-Chorschluß der Klosterkirche beherbergt in seinen mittleren Wänden die bedeutendsten Glasmalereien Ostwestfalens" (Wieggrebe). Wie durch ein Wunder haben die spätgotischen Chorfenster den Bildersturm des Reformationszeitalters überstanden. Sie datieren in die Zeit um 1500.

Ev.-ref. Alexanderkirche

Oerlinghausen

Bei einem der letzten Tage des Offenen Denkmals führte ein pensionierter Realschuldirektor interessierte Gäste durch die Bielefelder Neustadt rund um die Marienkirche. Als er darauf hinwies, das Gebiet der Kernstadt des ostwestfälischen Oberzentrums habe früher zur Kirchengemeinde Oerlinghausen gehört, erwiderte ein Teilnehmer der Führung, seines Wissens seien aber die Pfarrer der Kirche zu Heepen früher hier zuständig gewesen. Verschmitzt antwortete der alte Herr: „Ja, aber Heepen ist doch auch nur eine Tochtergründung Oerlinghausens." Damit war der ursprünglichen Äußerung wieder zu ihrem Recht verholfen (ohne deren Richtigkeit abschließend beurteilen zu wollen).

Diese kleine Begebenheit macht jedenfalls deutlich, welch wichtige Rolle die Kirchengemeinde Oerlinghausen in alter Zeit hatte; die Siedlungsgeografen sprechen von einer „mittelalterliche(n) Zentralörtlichkeit" (Brand).

Ablesbar ist die Bedeutung auch an der Tatsache, dass das Kirchspiel Oerlinghausen im späten Mittelalter in gleich vier Territorialherrschaften hineinragte: das Hochstift Paderborn, die Edelherrschaft Lippe sowie in die Grafschaften Ravensberg und Rietberg.

In der Neuzeit wurden fünf Kirchengemeinden gegründet, die ganz oder teilweise auf ehemals Oerlinghauser Gebiet liegen: Stukenbrock (1614), Leopoldshöhe (1851), Ubbedissen (1855), Senne II (1882) sowie Helpup (1905). Trotzdem gehört Oerlinghausen mit knapp 7000 Gemeindegliedern und drei Pfarrstellen noch immer zu den großen Kirchengemeinden in Lippe.

Hauptkirche ist die spätgotische Alexanderkirche von 1511/14, in die Teile des Vorgängerbaues, einer romanischen Basilika, einbezogen wurden. Daher sind die Seitenschiffe nur halb so breit wie das Mittelschiff. Gleichwohl wirkt der Innenraum „sehr wohlproportioniert" (Kätzner-Zapfe).

Der Orgelprospekt in der Oerlinghauser Alexanderkirche stammt von 1688 und ist im Stil des Bauernbarock gehalten. Die Stiftertafel nimmt Bezug auf Graf Simon Henrich zur Lippe und seine Gemahlin, Amalie von Dohna.

Ev.-ref. Kirche in Helpup — Oerlinghausen

Helpup – dieser Name stand ursprünglich nicht für ein Dorf, sondern für einen Krug mit Zollstation und Vorspann, der seit 1640 nachweisbar ist. „Help up" wurde gerufen mit Blick auf den Pass über den Teutoburger Wald. Die Vorspannpferde des Krügers halfen dann beim anstrengenden Übergang.

In der Streusiedlungslage der Umgebung „bestand sicher schon um 1886 ein selbständiger Kindergottesdienst auf dem Stückehof in der heutigen Mühlenstraße und bei Niemann in Gresterlake. In die Zeit solcher Laienbewegungen fiel der Beschluß vom fürstlichen Konsistorium vom 26. September 1900, in den allzu weit sich ausdehnenden Gemeinden neue Kirchengemeinden zu gründen. Pastor Reber in Oerlinghausen hatte sich bald darauf die unmittelbare Umgebung des Helpup wegen der verkehrsgünstigen Lage zum neuen Gemeindezentrum ausersehen" (G. Schmidt).

So entstand zu Beginn des 20. Jahrhunderts die bekanntlich jüngste Tochtergemeinde Oerlinghausens. Die entsprechende Kommission soll allerdings zwischen 1903 und 1905, dem Jahr der tatsächlichen Gründung, mehr als 100 mal getagt haben. Es waren also nicht unerhebliche Geburtswehen durchzustehen.

Der ansehnliche Kirchbau entstand zwischen 1906 und 1908 nach Plänen der Betheler Architekten Siebold und Winkler. Das Kirchenland kam übrigens durch mehrere Schenkungen großzügiger Gemeindeglieder zusammen.

Wer heute in die Kirchengemeinde Helpup mit den zwei Pfarrstellen und rund 3000 Gemeindegliedern kommt, kann sich ihre weniger als ein Jahrhundert zurück liegende, nicht ganz gewöhnliche Entstehungsgeschichte kaum mehr vorstellen.

Die Anlage eines Gotteshauses an einem Wohnplatz mit dem übertragenen Namen „Hilf auf" gibt, so hieß es anlässlich des Jubiläums von 1983 „einem Ort und besonders einer Kirchengemeinde sinnvollen Auftrag".

Ev.-ref. Kirche in Lipperreihe — Oerlinghausen

„Den westlichsten Zipfel unserer lippischen Heimat bildet in der Senne die kleine aufstrebende Gemeinde Lipperreihe. Dort, wo vor einem halben Jahrhundert noch alteingesessene lippische Bauern dem kargen Senneboden in mühsamer Arbeit das tägliche Brot abrangen, schießen heute moderne Reihensiedlungen wie Pilze aus der Erde. Zu den Alteingesessenen gesellen sich heute Menschen aus allen Teilen Deutschlands, aus Schlesien, Ostpreußen und dem Ruhrgebiet."
So lesen wir in den Lippischen Blättern für Heimatkunde und erfahren zugleich, dass der Ort 1962 etwa 1500 Einwohner hatte. Für diese Menschen wurde im gleichen Jahr ein Kirchenbau fertiggestellt, der aufgrund seiner Turmform und des flachen Faltdaches eine im Bereich der Lippischen Landeskirche einmalige äußere Gestalt besitzt.
Architekt der Anlage war der Regierungsoberbaurat Kurt Wiersing. Dieser musste vor einigen Jahren mit großer Überraschung feststellen, dass der verputzte und hell gestrichene Baukörper mit braunen Eternitplatten verkleidet worden ist. Dadurch hat sich das Aussehen des Gotteshauses gravierend verändert, manche meinen sogar, das ursprünglich „stimmige Gesamtkonzept" werde dadurch „stark beeinträchtigt" (Schlik). Hier jedenfalls geben wir bewusst den ursprünglichen Zustand wieder.
Zu der 1962 – also zum Zeitpunkt der Vollendung – erwarteten Verselbstständigung Lipperreihes ist es übrigens nicht gekommen. Bis heute gehört der Ort als Sitz des Pfarrbezirkes III der Ev.-ref. Kirchengemeinde Oerlinghausen zur Bergstadt.

Das große buntverglaste Fenster im Chorraum – es ist vorwiegend in Blautönen gehalten – wurde von dem vor einigen Jahren in Detmold verstorbenen Künstler Kurt Herold entworfen. Die sonstige Gestaltung stammt vom Architekten Kurt Wiersing.

Ev.-ref. Kirche in Schwalenberg

Schieder-Schwalenberg

Wie ein angeklebtes Schwalbennest liegt die Stadt Schwalenberg oberhalb des Tales der Niese. Besonders exponiert zeigt sich das kleine Gotteshaus.

Manches spricht dafür, dass sich hier das 1231 und 1246 bezeugte Kloster „Burghagen" befand; im Jahr darauf zogen die Zisterzienserinnen weiter nach Falkenhagen. Was blieb, war ein Graben, der das lebensnotwendige Wasser von der 3,5 Kilometer entfernten Magdalenen-Quelle in die Stadt führte. „Um ein Tal herum mußte der Wassergraben so geführt werden, daß bei jedem Wetter (!) sauberes Trinkwasser in die Siedlung floß. Neben dem exakt zu berechnenden Gefälle mußten andere kreuzende Bäche unterquert werden; noch heute sind die einzelnen ‚Wasserbrücken' erhalten. Diese hohe technische Leistung konnten nur ausgezeichnete Wasserbauer vollbringen: die Zisterzienser" (Höver). Auch im und am Gotteshaus selbst finden sich Spuren, die als Belege für die Anwesenheit eines Konventes gedeutet werden können.

Überhaupt hat die Schwalenberger Kirche viel Historisches erhalten. Ihre Gemeinde war nicht auf Rosen gebettet, verfügte über keine weltlichen Reichtümer und bewahrte somit das Alte, weil für Neues kaum Geld vorhanden war. Deutliche Spuren von Wohlergehen hinterließen hingegen die Familien des niederen Adels, deren Epitaphien und Grabplatten erhalten geblieben sind.

Eine besondere Anfechtung bedeuteten die Herren der oberhalb gelegenen Burg. Das Eigentum an ihr teilten sich die Grafen zur Lippe und die Bischöfe von Paderborn. Während die einen gern die Gegenreformation durchgesetzt hätten und zu diesem Zweck auch die Falkenhagener Jesuiten mobilisierten, hielten sich die anderen zeitweilig einen lutherischen Hofgeistlichen, der dem reformierten Amtsbruder zu schaffen machte.

Ev.-ref. Kirche in Wöbbel

Schieder-Schwalenberg

Gleich über drei Gotteshäuser verfügt die Gemeinde Wöbbel, obwohl es nur eine Pfarrstelle gibt. Der jeweilige Amtsinhaber steht also fast jeden Sonntag auf einer anderen Kanzel.

Historischer Hintergrund dieser Besonderheit ist ein Streit zwischen Lippe und Paderborn im Gefolge der Reformation. Graf Simon VI. schlug 1598 die Dörfer Belle und Billerbeck, die zuvor nach Steinheim eingepfarrt waren, der evangelischen Gemeinde in Wöbbel zu; noch 30 Jahre später kam es deswegen zu Auseinandersetzungen. Fortan jedenfalls war der Wöbbeler Pfarrer für die Seelsorge in den genannten Orten zuständig.

Die Kirche in Wöbbel (rechts) unterstand dem Patronat der Familie von Donop, die in den 1690er Jahren auch für den Neubau des Kirchenschiffes sorgte. Die Gemengelage von Kirche, Gutshof und Schloss ist in Lippe einzigartig und erinnert an die ostelbischen Gutsherrschaften.

Ins Auge sticht das Ensemble ferner wegen des seltenen spätgotischen Treppengiebels auf dem Turm der Kirche. Der romanische Turm selbst stammt bereits aus dem zwölften Jahrhundert.

Im Jahre 1598 wurden die Bewohner der Dörfer Belle und Billerbeck von Steinheim nach Wöbbel umgepfarrt. Die Gotteshäuser in diesen beiden Orten könnten unterschiedlicher kaum sein: Während Billerbeck über einen modernen, 1965 eingeweihten Bau verfügt, befindet sich in Belle (linke Seite) eine romantische Fachwerkkapelle von 1741.

Ev.-ref. Kirche in Schieder — Schieder-Schwalenberg

Am 15. September 1955 übernahm Otto Mengedoht die Pfarrstelle der Kirchengemeinde Schieder. Die Gemeinde war 1951 aus dem zweiten Wöbbeler Pfarrbezirk hervorgegangen. Seine ersten Gottesdienste hielt der neue Seelsorger in der Schlosskapelle zu Schieder. Hier, in einem Nebengebäude des Schlosses, bestand seit Beginn des 18. Jahrhunderts die Möglichkeit, in 14-tägigem Rhythmus Gottesdienst zu feiern. Der Raum hatte sich ursprünglich im Besitz des Hauses Lippe befunden, gehörte dann dem lippischen Staat und war schließlich in das Eigentum des Landesverbandes Lippe gelangt, der ebenfalls die weitere Nutzung gestattete.

Bereits einen Monat nach seinem Amtsantritt übersiedelten Pfarrer Mengedoht und seine Gemeinde in den mit rund 600 Plätzen vergleichsweise großen Kirchneubau auf der Mühlenbreite. Dieser war in den beiden vorangegangenen Jahren nach Plänen des Wuppertaler Architekten Karl Schneider entstanden.

Für den heutigen Betrachter stellen sich Kirche, Pfarrhaus und Jugendheim wie Zeugen des Wirtschaftswunders der 1950er Jahre dar. Aber – wie so oft bei genauerem Hinsehen – die Anfänge waren viel schwieriger, als man annehmen möchte.

Otto Mengedoht dazu: „Zunächst hatten wir noch keinen besonderen Raum für die Gemeindearbeit. Im Pfarrhaus waren auf der rechten Seite zwei Räume, durch eine Schiebetür voneinander getrennt. Der eine diente als Kirchenbüro und beide zusammen für die Gemeindekreise und Konfirmandenunterricht. Das war natürlich sehr beengt. Mit dem Posaunenchor übten wir in der alten Schlosskapelle. Manche Übungsstunde war überschattet davon, dass wir gar nicht so schnell zittern konnten, wie wir gefroren haben." Und auch eine angemessene Orgel gibt es erst seit 1968; ein ‚einfache' Frau hatte ihr ganzes Vermögen der Kirchengemeinde vermacht.

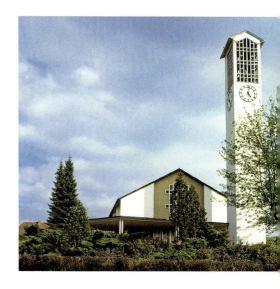

Die Schiederaner Kirche ist ein typischer Bau der unmittelbaren Nachkriegszeit. Hervorstechend ist ihre Größe, die dem Bevölkerungswachstum infolge von Flucht und Vertreibung geschuldet ist.

Ev.-ref. Kirche — Schlangen

Vermutlich bereits vor der ersten Jahrtausendwende bestand in Schlangen ein Saal mit halbrunder Apsis, der im zwölften Jahrhundert einer romanischen Gewölbekirche wich. Der bis heute erhaltene romanische Turm ist in die Zeit um 1250 zu datieren.

Obwohl 1590 eine Erweiterung nach Süden erfolgt war, reichten die Sitzplätze in der relativ kleinen Kirche bei weitem nicht aus. 1730 wurde die Schaffung zusätzlicher Priechen landesherrlich genehmigt. Bereits zu Beginn des 18. Jahrhunderts hatte es einen Streit mit dem Konrektor Krecke aus Oesterholz gegeben, der sich darüber beklagte, das neue Gestühl nehme ihm und seiner Familie die Sicht; als ein leidender Mann könne er den Alkohol- und Tabakgeruch der gemeinen Leute nicht ertragen. Die Beschwerde hat allerdings keinen Erfolg gehabt.

Immer wieder kam es zu Reparaturen an dem romanischen Gotteshaus, dessen baufälliger Zustand schließlich 1874 zur Gründung eines Kirchbauvereins führte. Wohl im Jahr darauf „zog eine Schar Männer, welche zum Teil noch kaum ein anderes Gotteshaus als ihr altes, wüstes Kirchlein kannten, an einem frischen Herbstmorgen hinaus auf die Kirchschau und sah sich die neuen Gotteshäuser in Cappel, Lüdenhausen, Bega und Almena an. Als sie die beiden letzten betraten, da drängte sich wie aus einem Munde der Ruf: ‚Ein solches Gotteshaus müssen auch wir haben! O, wie konnten wir uns so lange an unserer verfallenen, unfreundlichen dumpfigen Kirche genügen lassen!'"

So kam es 1877/78 unter Leitung Ferdinand Ludwig August Merckels, der kurz zuvor zum Baurat avanciert war, zur Errichtung des heutigen Gotteshauses.

Am 11. November 1878 hieß es anlässlich der bevorstehenden Einweihung der neuen Schlänger Kirche in der Lippischen Landes-Zeitung: „Sie macht einen leichten, eleganten Eindruck, fern von allem Bedrückten. (...) Überschaut man sie vom Turme oder Chor aus mit einem Blicke, so ergreift sie durch die herrliche Harmonie ihrer Teile und imponiert durch die prächtigen romanischen Kreuzgewölbe. Ein für alles Höhere, auch das Schöne empfängliches Gemüt wird unwillkürlich zu andächtiger Stimmung hingezogen."

Ev.-ref. Kirchen in Kohlstädt und Oesterholz — Schlangen

Eine wohl einmalige Entwicklung ist aus dem Schlänger Ortsteil Kohlstädt zu berichten. Hier bestand ein starkes Bedürfnis, einen eigenen Gottesdienstraum zu erhalten. Im Jahre 1952 bot sich die Gelegenheit, einen Teil des Gebäudekomplexes der Arminius-Brauerei anzumieten. Aus einem kleinen Bau, der zuvor als Stallung und Scheune gedient hatte, wurde nun eine schlichte Kapelle.

Diese Lösung erwies sich jedoch nicht als dauerhaft, denn die Kohlstädter wollten bald gern eine wirkliche Kirche errichten, was zwischen 1966/67 auch geschah.

Nach Plänen des Detmolder Architekten Rolf Ganzert entstand ein moderner Baukörper mit annähernd quadratischem Grundriss und zeltartigem Dach. An der Nordostecke ist ein 24 Meter hoher Turm angefügt. Die Kirche bietet etwa 250 Sitzplätze.

Die Kapelle „auf der Brauerei" existiert übrigens noch immer; seit 1996 beherbergt sie die Gesellschaftsräume einer Gaststätte, womit man der ursprünglichen Nutzung als Brauerei wieder sehr nahe gekommen ist.

Eine weitere Predigtstätte befindet sich im Ortsteil Oesterholz-Haustenbeck (oben). Bei Haustenbeck handelt es sich um ein nicht mehr bewohntes Sennedorf. Seine Bewohner mussten 1939 der Erweiterung des Truppenübungsplatzes weichen. Die Kirche von 1685 verfiel.

Register

Almena 89
Alverdissen 37
Asemissen-Bechterdissen 145
Augustdorf Dorfkirche 7, Militärkirche 9

Bad Meinberg 97
Bad Salzuflen Auferstehungskirche (luth.) 21, Erlöserkirche (luth.) 19, Stadtkirche 13
Barntrup 35
Bega 83
Belle 159
Berlebeck 79
Bergkirchen (luth.) 217
Biemsen-Ahmsen (luth.) 25
Billerbeck 159
Blomberg Kirche am Hagenplatz (luth.) 51, Klosterkirche 41
Bösingfeld 91
Brake 135

Cappel 43

Detmold Christuskirche am Kaiser-Wilh.-Platz 57, Diakonissenhauskirche 81, Dreifaltigkeitskirche (luth.) 65, Erlöserkirche am Markt 55, Martin-Luther-Kirche (luth.) 63, Versöhnungskirche 61
Donop 45

Elbrinxen 147

Falkenhagen 149

Haustenbeck 165
Heiden 115
Heidenoldendorf 71
Heiligenkirchen 53
Helpup 153
Hiddesen 73, St. Michael im Kampe (luth.) 67
Hillentrup 85
Hohenhausen 103
Horn 95

Istrup 49

Jerxen-Orbke 59

Kachtenhausen 123
Knetterheide (luth.) 23
Kohlstädt 165

Lage Heilig-Geist-Kirche (luth.) 117, Marktkirche 113, Martin-Luther-Kirche 119
Langenholzhausen 101
Lemgo Eben-Ezer (luth.) 141, St. Johann 125, St. Marien (luth.) 129, St. Nicolai (luth.) 127, St. Pauli 131
Leopoldshöhe 143
Leopoldstal 99
Lieme 137
Lipperreihe 155
Lockhausen 33
Lüdenhausen 105

Lüerdissen 133

Müssen 121

Oerlinghausen 151
Oesterholz 165

Pivitsheide 77

Reelkirchen 47
Remmighausen 75
Retzen 31

Schieder 161
Schlangen 163
Schötmar Kilianskirche 11, Trinitatiskirche (luth.) 23
Schwalenberg 157
Silixen 93
Sonneborn 39
Spork-Wendlinghausen 87
Stapelage 111
Sylbach 27

Talle 107

Vahlhausen 69
Varenholz 109
Veldrom 99
Voßheide 139

Wöbbel 159
Wülfer-Knetterheide 29
Wüsten 15

Der Autor

Burkhard Meier M.A. wurde 1969 in Lage geboren. Er studierte die Fächer Geschichte und Politikwissenschaft an den Universitäten Hannover, Heidelberg und Bonn und legte Anfang 1995 das Magisterexamen mit einer Arbeit zur lippischen Kirchengeschichte ab. Im Anschluss an ein Verlagsvolontariat ist er seit 1997 als Leiter der Geschäftsstelle und Wissenschaftlicher Referent beim Lippischen Heimatbund in Detmold tätig. Neben zahlreichen Artikeln und Aufsätzen veröffentlichte er mehr als 20 Bücher zur Regional- und Lokalgeschichte. Er lebt in Lage-Hedderhagen.

Der Fotograf

Dr. Klaus-Peter Fliedner wurde 1920 in Kiel geboren. Im Anschluss an die Kriegsteilnahme begann er in seiner Heimatstadt das Studium der Theologie und beendete es 1955 mit der Promotion. Nach den beiden theologischen Examen war er als Pfarrer in Treia und Kropp tätig, ehe 1965 der Wechsel in die Lippische Landeskirche erfolgte. Zunächst Pfarrer in der Ev.-luth. Kirchengemeinde Schötmar, bekleidete Dr. Fliedner seit 1975 die Position des Lutherischen Kirchenrates der Lippischen Landeskirche. Seinen Ruhestand verlebt er seit 1985 in Detmold-Heiligenkirchen.